高职篮球运动

教学理论分析与科学设计

朱　超◎著

中国水利水电出版社

www.waterpub.com.cn

·北京·

内 容 提 要

本书立足于当前篮球运动教学的态势,在理论与实践密切结合的基础上,对高职篮球运动教学进行了系统性研究。

本书首先对高职篮球运动与教学开展现状进行了简要分析,然后对高职篮球运动教学的教学任务、原则、内容、方法等基本理论进行了详细阐述,最后对篮球技术教学方法的设计、篮球战术教学方法的设计、篮球游戏教学方法的设计进行了深入探讨。

本书内容充实,结构合理,融科学性、知识性、趣味性、可读性、实用性于一体,可作为相关工作人员的参考书。

图书在版编目(CIP)数据

高职篮球运动教学理论分析与科学设计/朱超著. —
北京:中国水利水电出版社,2017.12
　ISBN 978-7-5170-6114-4

Ⅰ.①高…　Ⅱ.①朱…　Ⅲ.①篮球运动—体育教学—
教学研究—高等职业教育　Ⅳ.①G841.2

中国版本图书馆 CIP 数据核字(2017)第 305375 号

书　　名	高职篮球运动教学理论分析与科学设计 GAOZHI LANQIU YUNDONG JIAOXUE LILUN FENXI YU KEXUE SHEJI
作　　者	朱　超　著
出版发行	中国水利水电出版社 (北京市海淀区玉渊潭南路 1 号 D 座 100038) 网址:www. waterpub. com. cn E-mail:sales@waterpub. com. cn 电话:(010)68367658(营销中心)
经　　售	北京科水图书销售中心(零售) 电话:(010)88383994、63202643、68545874 全国各地新华书店和相关出版物销售网点
排　　版	北京亚吉飞数码科技有限公司
印　　刷	三河市天润建兴印务有限公司
规　　格	170mm×240mm　16 开本　16.75 印张　217 千字
版　　次	2018 年 7 月第 1 版　2018 年 7 月第 1 次印刷
印　　数	0001—2000 册
定　　价	80.00 元

前　言

　　篮球运动从其诞生至今,已有百余年历史,它是由跑、跳、投等动作所组成的一项快速、激烈的综合性运动。如今,篮球运动已发展成世界性的体育项目,全球数以亿计的篮球爱好者为它狂热、沉迷,普通群众也因其不受时间、年龄、性别限制的特点将其接纳为一种强身健体的锻炼方式。随着篮球运动的普及,开设篮球课程,进行篮球运动教学也成为必然,各大高校和高职院校基本都设有篮球课程。

　　与高校篮球运动教学相比,高职篮球运动教学有其固有的特点。首先是其作为高职体育的特点。高职体育是高校教育的重要组成部分,但它侧重体现体育的属性,即要以运动和身体练习为基本手段,提高学生体育能力,而高职篮球运动作为高职体育的一部分,其最终目的也是尽可能提高学生的篮球运动能力。其次是高职学生的特点。作为高职学生,其在进入学校后,职业方向基本确定,学习的重点也与职业方向趋同,再加上其对篮球运动的认识更为深刻,对篮球运动相关理论、技术、战术等的需求更为强烈,因此篮球运动的教学需要更加专业、规范。针对高职篮球运动教学的以上特点,作者撰写了《高职篮球运动教学理论分析与科学设计》一书。

　　本书共包括八章,第一章对高职篮球运动与教学开展现状进行了简要分析;第二章对高职篮球运动教学的基本理论进行了阐释;第三章主要探讨了篮球运动教学开展对高职学生健康教育的影响;第四章主要研究了高职篮球运动教学与组织实施;第五章研究了高职篮球运动教学的考核工作;第六章到第八章对篮球技术教学方法的设计、篮球战术教学方法的设计、篮球游戏教学方法的设计进行了深入探讨。总的来说,本书突出了高职学生的心理、生理特点,同时还注意了教与学、学与用的关系以及篮球运动理论与实践相结合,内容充实,结构合理,融科学性、知识性、趣味性、可读性、实用性于一体。

　　本书在撰写过程中参阅了许多有关篮球运动教学的著作,同时也引用了许多专家和学者的研究成果,在此表示最诚挚的谢意! 由于时间仓促,作者水平有限,不当之处在所难免,恳请广大读者在使用中多提宝贵意见,以便本书日后的修改与完善。

作　者

2017 年 10 月

目　　录

第一章　高职篮球运动与教学开展现状分析

篮球运动是一种对抗性和挑战性很强的体育项目,同时也是一项健身益智和提高人的竞争力、创造力以及发掘人的潜能的极好的运动。因此,对于高职院校来说,篮球运动与教学也应当是被重点关注的问题。不过,从当前的高职篮球运动教学来看,还存在着不少问题,需要相关领域的研究人员付出更多的心血弄清现状,探索相应的对策。本章就主要对篮球运动的起源与发展、我国高职篮球运动教学的现状与影响因素、我国高职篮球运动教学的发展趋势与对策进行一定的分析与论述。

第一节　篮球运动的起源与发展

一、篮球运动的起源

篮球运动起源于美国。1891 年,马萨诸塞州斯普林菲尔德市基督教青年会训练学校体育教师詹姆斯·奈史密斯博士发明了篮球运动。这一运动的发明是经过了一定时间的酝酿的。

1850 年,美国基督教青年会发展很快,体育运动和娱乐活动诱惑着基督教信徒们。1866 年,加利福尼亚州学校法中有了对体育的条文规定。1885 年成立了"国际基督教青年会训练学校"(即春田学院),篮球运动就是在这个基督教学校逐渐产生的。

基督教会及其青年会之所以与篮球运动有着较深的渊源,主要是因为近代基督教徒不同于中世纪的基督教徒,他们并不反对保养身体,所以在礼拜日"做礼拜"后,允许教徒们进行体育娱乐活动。为了培养一批"品格高尚",信奉教义和精通专业的体育教师,1886 年,"青年会干事学校"(春田学院前身)增设体育部,培训体育师资和教练员,这所规模较大的高等教育机构培养和造就了一批有名的体育人士,其中有洛伯兹、古利克和奈史密斯。

奈史密斯在发明篮球运动之前,面临冬季体育课难以应付的局面。1890 年冬,参加青年会活动的人明显地减少,主要是缺少一项适合在冬季室内进行的运动项目。根据当时的情况,奈史密斯认为,为了使新的体育竞技项目达到预期的效果,必须做到以下三点:第一,为了消除人们对当时的体育活动由于粗野行为而产生的恐惧心理的误解(指橄榄球),新的竞技运动必须是"文明"的,严禁粗野的行为;第二,为了弥补足球、棒球受季节、气候的局限,这是一项在冬季不受气候影响而能在室内和晚上进行的体育活动;第三,必须改变过去采用的瑞典、法国、德国式枯燥的训练方法,使不同年龄、性别的人都能参加这项运动,它特别能吸引青年们参加。

在提出这三点要求之前,奈史密斯曾把各种室外运动项目搬进健身房内进行。他试用过橄榄球,但橄榄球猛烈的旋转和变向使其难以在体育馆内坚硬的场地上进行。随后他把足球搬进室内,但又有不少队员受伤,许多窗户玻璃被踢得粉碎。在室内进行长把曲棍球运动的尝试也失败了,因为受场地限制,学生经常搅在一起用球棍互相打击。奈史密斯先生意识到,要把某一种成熟的运动项目照搬进室内,是很难达到理想的效果的,只有吸收各项目的一些特点,才能创造出一种受学生欢迎的运动项目。他经过分析发现,已有的项目大多使用球进行活动,而活动时,动作的难易程度与所用的球的大小似乎成反比关系,即用小球的时候,需要用球棒、球杖、球拍等器具间接地控制球;相反,使用较大的球,可以不需要棒、杖、拍之类的间接物来控制球,而要用脚、手控制支配球,才便于做出各种动作。因此,奈史密斯觉得可以设计一种用手直接控制球的新型运动项目。

奈史密斯想到玛雅人曾发明的一种名叫场地球的球类游戏。球场的形状就像大写英文字母"I",在一条边墙的上部中点以外的地方砌一垂直的石圈,比地面高出 25 英尺左右,石圈中心的洞直径为 9 英寸。比赛时,每一队球员都力图抢到那个具有弹性的橡胶球,并将球弹起击进高出球场地面的石圈洞里才能得分。这大大地启发了奈史密斯。此外,小孩向装桃子的竹筐里扔桃子的游戏进一步启发了他。

春田市盛产桃子,最早的篮筐是使用装桃子的竹筐,悬挂在健身房两侧的栏杆上,离地面 10 英尺(3.05 米)左右,用足球作比赛用球,投球入篮得 1 分,这是沿用足球的计分方法,按得分多少来决定胜负。原始的比赛,每次投球中篮后要爬梯子上去把球取出来,再重新开始比赛。之后,又将装水果的竹篮子改为铁质篮圈,篮网用绳子编制而成,并在网底连接一条绳子,通过球篮上沿,将投入的球拉出,这样就减少了爬梯子所耽误的时间和造成的麻烦。到了 1893 年,才以带网的铁篮圈代替竹筐。

最早的篮球场地与参加活动的人数并没有统一的规定,队员没有固定的区域和固定的人数,只规定双方参加比赛的人数必须相等。比赛开始时,双方队员跑向场中抢球,持球队员可以抱球跑到篮下投篮。比赛在两个 15 分钟内进行,中间休息 5 分钟,结果以投中球多的一队为胜。如果平局,经双方队长同意,比赛可以延长至谁先命中一球为止。

二、篮球运动的发展

篮球运动诞生后,由于其具有较强的对抗性、集体性、趣味性、娱乐性、观赏性和健康性,因而得到了广泛的传播和迅速的发展,并且很快传向世界各地。

1895 年,篮球由美国国际基督教青年协会派来中国天津基督教青年会就职的第一任总干事来会理介绍传入中国。1896 年 1

月,天津中华基督教青年会举行了中国篮球运动史上较为正式的篮球表演。

1904年,第3届现代奥运会举行了第一次篮球表演赛。随着篮球运动的发展,篮球竞赛规则不断得到完善。由于这项球类运动既有趣又有较高的身体锻炼价值,其诞生后很快被列为正式体育项目,它的规则、技战术等也在不断发展。1891年的时候,篮球游戏的场地大小不等,活动人数不限,竞赛以球进筐多者为胜。20世纪20年代末,为限制粗暴抢球的动作,制定了简单的基本要求:禁止推、踢、撞、打等粗暴动作,不准拿球跑,不准双手拍球,场上队员限制为5人等。此时赛中主要以单兵作战为主要攻守形式,战术配合还在萌芽阶段。20世纪30年代至40年代,国际业余篮球联合会初步制定了国际间较统一的竞赛规则,如故意犯规罚则和违例罚则等。

1932年,在瑞士日内瓦,由葡萄牙、罗马尼亚、瑞士、意大利、希腊、拉脱维亚、捷克斯洛伐克和阿根廷8个欧美国家召开会议,成立了"国际业余篮球联会",简称"国际篮联"。会上以美国大学生篮球比赛规则为基础,初步制定了国际统一的比赛规则,明确了上场人数,场地上增加了进攻限制区,比赛时间为男子10分钟一节,女子8分钟一节,各比赛4节;后来改为20分钟一节,共2节。篮球场地面积确定为26米×14米。统一的比赛规则促进了世界篮球运动的发展与提高。

1936年,在德国柏林举行的第11届奥运会上,男子篮球被列为正式比赛项目,从此篮球运动正式登上国际体坛。进入20世纪40年代,随着篮球技战术的不断发展,身材高大的运动员开始涌现,篮球规则进行了补充修改。修改内容主要包括以下三个方面:一是侵人犯规罚则与违例罚则更加严格;二是篮板出现了规范的长方形与扇形(图1-1、图1-2);三是中圈由跳圈与禁圈两个同心圈构成,球场罚球区两侧至端线清晰分设了争抢篮板球的队员分区站位线等。新的篮球规则保证了篮球技术和战术的健康发展。这期间进攻中快攻、掩护、策应、突分战术已被各国篮球队所采用;防守开始强调集体性,人盯人、夹击、区域联防等战术被广泛采用。

图 1-1

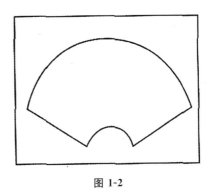

图 1-2

1950 年和 1953 年分别举行了首届世界男子和女子篮球锦标赛。以美国巨人运动员张伯伦、苏联运动员克鲁明和谢苗诺娃为代表的身材高大队员,显示了篮下的巨大威力,身高开始成为现代篮球比赛中决定胜负的重要因素之一。这期间利用高大队员强攻篮下的固定中锋打法和比分领先后的控制球战术风行一时,给世界篮球运动带来了新的冲击。篮球比赛缺少了时间与速度的约束,大大降低了比赛的观赏性。为此,篮球规则增加了对进攻队的新限制。例如,把限制区扩大为 5.8 米×3.6 米的梯形,一次进攻限时为 30 秒,在前场持球队员被严密防守达 5 秒应判违例等规定。随着攻守区域的扩大,进攻时间的限制,高度与速度、空间与地面的交叉结合成为决定比赛胜负的重要因素,推动了攻守技战术的全面发展。至此,世界篮球运动开始形成了以美国队和巴西队为代表的高度与技巧结合的美洲型打法,以苏联队和南斯拉夫队为代表的高度与力量结合的欧洲型打法,出现了百舸争流的局面。

20 世纪五六十年代,篮球运动除了上述变化之外,还产生了部分崭新变化,如 20 世纪 50 年代把篮下门字形限制区扩展成梯形限制区(图 1-3),一次进攻时间被限制为 30 秒;20 世纪 60 年代中期特定时间内取消中场线(图 1-4);20 世纪 60 年代末中场线被恢复(图 1-5)。

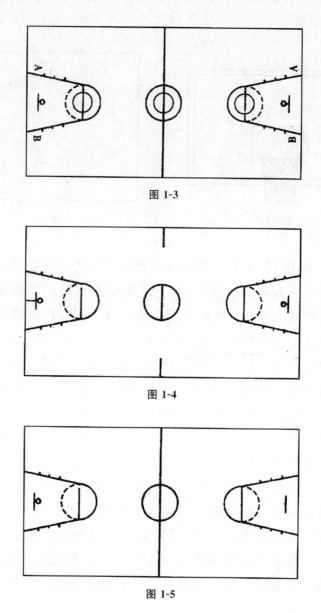

图 1-3

图 1-4

图 1-5

　　进入 20 世纪 70 年代后,身高 2 米以上的高大队员大量涌现篮坛,篮球比赛在空间的争夺越来越激烈,高度与速度之间的矛盾更加尖锐。由于高空优势在很大程度上决定着篮球比赛的胜负,因而篮球规则又对高大队员在进攻方面提出了更多的限制,并鼓励积极防守。例如,增加了球回后场违例、全队半场防守 10 次犯规后所有犯规都要罚球的规定。这些限制有利于调动防守和身高处于劣势队伍的积极性,因而出现了许多区域紧逼,人盯人防守和混合型攻击性防守战术。1976 年第 21 届奥运会篮球比赛和 1978 年第 8 届世界男子篮球锦标赛后,高空优势、高超技巧和高速度成为当代篮球运动发展的新趋势。这些新特点到 20 世纪 80 年代更加明显,因而篮球规则又做新修改。例如,扩大球场面积为 28 米×15 米,增加 3 分球规则等,促进了篮球运动全面高水平地发展。

20 世纪 90 年代以来,现代篮球运动进入黄金发展时期。篮球运动中出现了许多技巧表演,把这项运动的技艺表现得更加充实完美,战术打法更为简练实用,运动员的素质与掌握和运用篮球技术、战术的能力发生了质的变化,篮球运动的规则也更具有系统、简明和公平的特点,向着"高""快""全""准""变"的方向发展。

1990 年"国际业余篮球联合会"更名为"国际篮球联合会",并取消了对职业篮球运动员参加国际比赛的限制。众多职业篮球运动员的加盟给国际篮坛带来了许多新观念、新技术和新战术。国际篮球联合会成立至今,共拥有 213 个会员国家。篮球运动成为世界上最受人喜爱的运动项目之一。

1992 年第 25 届奥运会上,美国职业篮球巨星首次参加奥运会,"梦之队"集技术与智慧、对抗与艺术为一体的现代篮球运动的完美展示,激发了全球篮球爱好者的体育热情,使篮球运动员的表演更加完美,战术更为实用。这标志着篮球运动的整体结构,优秀运动员队伍的综合结构,运动员掌握篮球技战术的能力结构,以及教练员训练和指挥的科学化能力都发生了质的变化。为了适应篮球运动技战术的迅速发展,满足职业化和商业化的需求,篮球规则进行了多次修改。例如,篮板下沿裁掉 15 厘米,改为离地面 2.9 米,比赛时间设为 10 分钟×4 节,每次进攻时间由 30 秒改为 24 秒,后场球进入前场的时间由 10 秒改为 8 秒等。此后,意大利、西班牙、英国、法国、波多黎各、阿根廷、希腊、菲律宾、中国、韩国和日本等国家,纷纷开展了职业篮球联赛。在这个过程中,传媒技术的迅速发展,从单一的平面媒体逐步过渡到录播、直播直至网络传播,多媒体的全方位报道,推动了篮球运动的职业化、商业化和社会化进程,篮球运动的技战术水平和训练水平都得到了空前的发展。

三、篮球运动的发展趋势

篮球运动作为一种全球社会化的体育活动,已经在世界范围内得到了较快的发展、较广的普及、较大的提高,已经逐步形成了既具有大众性、技艺性、观赏性,又具有科技性、竞技性、职业性、商业性、产业性的特殊社会文化形态。从当前的篮球运动发展来看,它将表现出以下一些发展趋势。

(一)大众篮球运动进一步普及

篮球运动由于自身的特点、规律和功能,使它充满活力。为此,21世纪大众性篮球运动将进一步在全球范围内普及,成为全球性社会文化和全民性健身强体、修德养心的工具和手段。篮球运动的开展将日益广泛,热爱篮球运动的各界人士将进一步支持、推广篮球运动。

(二)学校篮球运动蓬勃开展

篮球运动的益智、健身、教育、宣传、社交功能越来越被各级教育行政部门和各类学校领导认同,积极开展学校篮球运动将成为活跃校园文化生活、展现学校声誉、增强师生体质、提高健身水平、陶冶情操、锻炼意志、修养品行、培养团队精神、增强使命感和荣誉意识的特殊教育形式。各种形式的业余篮球俱乐部将成为校园生活的基本社团组织。未来的优秀篮球人才将逐步由此启蒙、发展和提高。

（三）篮球运动的球队大型化

有不少人说，篮球是"巨人们的游戏"，这不无道理。因为近年来，随着篮球运动的不断发展和创新，球队越来越注重队伍的大型化，越来越注重队员身高、体重的均衡化。就目前而言，排在世界前 10 位左右的球队，男篮的平均身高为 2～2.06 米，世界前 3 位的女队身高为 1.80～1.85 米。篮球运动员身材高大，胸廓大，手大、脚大、腿长，手臂长、小腿长，臀部小、踝围小，优越的身体条件使球员在篮球场上如虎添翼。

球队大型化的趋势还表现为篮球运动员需要掌握全面的个人技术。个人技术的全面，泛指凡是与篮球相关的技术都具备。空位无球技术中的跑动、跳跃、急起急停、前后转身、躲闪、腾空滞空等动作快速灵活；持球技术中的投篮、切入，突破中的传球、运球、进攻篮板等全面熟练；防守过程中积极拼抢，不仅顽强而且凶悍，给对手的进攻制造了很大的麻烦，有效地降低了对手的进攻成功率。

（四）篮球运动越来越注重全面、集体、特长、明星

第一，全面。这主要是指运动员技术、战术、智力、心理、身体全面发展。在进攻中，主张进攻、防守和篮板球三者平衡的基本原则。

第二，集体。篮球比赛是队与队的对抗，而不是个人能力的比赛，因此必须加强全队的实力，才能立于不败之地。集体应包括五名主力队员和替补队员的实力，还应包括教练员的指挥才艺和全队的凝聚力。

第三，特长。现代篮球比赛是技术、战术、身体、心理、智力融为一体的高水平的全面抗衡，要求队员不仅身体素质和技战术能力全面发展，而且还应具备特长技术。特长技术是指在运动员所掌握的技术动作中，最熟练过硬和突出发展的动作技能。它的特点表现出有效性、稳定性、独特性和观赏性。

第四，明星。现代篮球比赛明星的作用日益突出，特别是关键时刻更显重要，他能起到力挽狂澜、起死回生、反败为胜的作用。明星是球队的核心、灵魂和得分手，全队战术围绕他而制定，关键时刻由他挑起大梁。

（五）越来越注重篮球教练员的训练、管理、指挥能力

篮球是一项注重团体、协作配合的运动，而一支由 10 多人组成的队伍，球员技术风格、性格各不相同，如何把这样一个群体打造成训练有素、能打胜仗的篮球队伍，教练员的训练水平、管理指挥能力显得尤为重要。

首先，教练员自身素质要过硬。其思想品德和职业道德素质要高，包括为篮球事业无私奉献的精神，如积极进取、努力学习、开拓创新、身先士卒、为人师表、严于律己、团结合作、公平竞争等，还包括自身的篮球技术水平、技战术身体训练经验、参加比赛和指挥比赛的经验、专项理论知识和相关的基础理论知识，以及良好的心理素质和综合的能力素质。

其次，教练员的育人水平要高。教练员育人的内容包括对运动员人生观、世界观和爱国主义的教育，培养运动员的集体主义并使其树立团队精神，建立正确的职业道德规范，培养良好的作风和遵纪守法的思想。

最后，教练员要具有丰富的指挥比赛和临场应变能力。了解球队的整体实力和调配上场队员的技战术打法，是取胜的保证，从而建立自己有效的攻防体系。看到不足，不断进步；在战略上藐视对手，必攻不守（攻防战术都要有攻击性）；输球在自己，赢球在对方；不责备队员，发挥每名队员的积极性，合理使用每名队员，培养其团队精神；避实击虚，善用长短，出奇制胜。

（六）篮球运动职业化、产业化不断加快

由于美国"梦之队"在 1992 年巴塞罗那奥运会上的出色表演，加之 NBA 这一世界上最成功的职业体育组织在全球的广泛

影响,在 20 世纪末的世界体坛上掀起了一股篮球职业化浪潮。据相关资料显示,目前世界上五大洲有数个国家已开展了职业篮球运动。为了适应经济体制改革,顺应世界篮球运动的发展,抑制篮球竞技水平滑坡,1995 年中国开创了自己的篮球职业联赛。从此,篮球职业化的说法越来越多,也越来越成为体育学领域的理论研究热点。

作为当今世界篮球发展的主要趋势之一,篮球运动的职业化是市场经济体制的产物,篮球职业化可以产生巨大的经济效益,给职业篮球运动各主体带来丰厚的物质利润,特别是大幅度提高运动员的工资待遇,增加运动员训练的积极性,从而大大提高篮球运动的水平,促使篮球运动快速发展。此外,篮球职业化还会加速篮球产业化进程。当前,职业篮球产品多种多样,按其特点和使用价值细分,有本体产品、相关实物产品和延伸产品。本体产品包括竞赛表演、健身娱乐、培训咨询、品牌、电视转播等。相关实物产品包括篮球用品、器材和服饰等。延伸产品包括饮食、住宿、旅游、纪念品、球星卡等。实践证明,大力开发本体产品,能够大大带动相关产品及其延伸产品的运作,活跃篮球市场,促使篮球产业化快速发展。

(七)优秀运动员年轻化,老运动员的运动寿命延长

从世界篮坛来看,所有职业篮球联盟的运动员都呈现出年轻化趋势,而且老运动员的运动寿命逐渐延长。

据统计,17~19 岁的队员都已成了世界强队的中坚力量,并拥有很高的知名度。主要是科学化训练水平的提高和世界篮球职业化的进程加快,促使优秀运动员成才周期缩短。

老运动员保持良好的竞技状态,不管是在退役运动员中还是在现役运动员中我们都不难发现,35 岁以上的运动员,比比皆是,其场上的运动表现一点不输于年轻运动员,这是由于常年坚持科学化训练,保持良好的竞技状态,可使运动员的运动寿命延长。美国 NBA 著名球星斯托顿克 41 岁退役;原爵士队主力大前锋卡

尔·马龙 40 岁仍驰骋在 NBA 赛场上,2003—2004 年赛季对卫冕冠军马刺队一仗,"篮板、助功、得分"均过两位数,拿下"三双",为湖人队战胜马刺队立下了汗马功劳。世界优秀篮球运动员是宝贵的资源,他们运动寿命的延长,不仅使篮球比赛更加精彩,提高了观赏价值,而且还可以把他们高超的技艺和宝贵的经验传给年青一代,为篮球运动的发展添砖加瓦。

第二节　我国高职篮球运动教学的现状分析与影响因素

高等职业教育是我国高等教育的重要组成部分,主要培养拥护党的路线,适应生产、建设、管理、服务第一需要的,德、智、体、美等方面全面发展的高等技术应用型专门人才。高等职业教育办学模式的学制设置主要是三年制和二年制,学生在校时间较短,强调培养职业技能,注重职业岗位中的实用性。因此,高职体育学科体系建设更具有紧迫性和重要性。篮球运动作为高职体育运动项目中的一个重要项目,学校应当对其教学予以充分重视。

一、我国高职篮球运动教学的现状分析

经过相关资料及实际调查发现,我国高职篮球运动教学的现状堪忧,还存在不少问题,亟待做出改善。

(一)篮球课程在高职院校的开设较少

从我国当前专门开设篮球课的高职院校来看,数量还相当少。有不少高职院校没有开设篮球课程。之所以没有开设篮球课程,一方面是因为这些学校缺少足够的篮球运动场地和篮球运动设施。一些高职院校甚至因经费过少,只建起了教学楼,根本

没有运动场地供学生使用。另一方面是因为一些高职院校对篮球运动的重视程度不够，觉得上体育课，随便哪个运动做一做就好，没必要进行专门的篮球教学，所以在运动场地上不设篮球场地。

（二）学生学习篮球运动的积极性不高

从高职院校的学生来看，他们学习篮球运动的兴趣和热情不高。不少高职院校都让学生自行选修设置好的一些体育项目，从篮球这一运动的报名人数看，选择篮球的学生人数是比较少的，甚至有不断减少的趋势。这除了教师的教学魅力不足外，很大一部分原因是学生觉得篮球基础练习乏味，没有新意，没有比赛，考试难通过，教学场地也不好。事实上，篮球运动是一项既具有竞技性也具有娱乐性的运动。学校只要通过一些很好的方式，并选择一些有趣的内容，就能够激发其娱乐性，让学生乐于学习。

从选修篮球课的男女学生比例来看，男生要远多于女生。这可能是因为篮球运动是一种高强度的对抗性运动项目，男生更容易接受，而女生不太能接受。其实，篮球运动既能够提高身体的协调能力和对事物的反应能力，也能够提高身体的柔韧性，改变身体的形态，还能够增强自身的自信心、气质和愉悦性，改善人与人之间的合作能力。所以，女生参加篮球运动也是非常好的，应当鼓励女生多选择篮球课，多进行篮球运动。

（三）篮球运动教学的师资建设不完善

林育建在《福建省中学武术教学现状及对策研究》一文中指出："体育教师是学校体育教学和体育活动的组织者和引导者，是培养体魄健壮的建设者和保卫者的园丁，是青年人健美的设计师；学校能否贯彻执行全面发展的教育方针，培养合格的体育人才，在很大程度上取决于体育教师的工作质量，有一个合格的师资队伍是组织好学校体育工作的前提和保证。"确实如此，如果一个学校具有一支高素质的体育师资队伍，那么其体育教学的质量必然会有一定的保障。从当前很多高职院校来看,其篮球运动教学的师资力量明显不足。

有些高职院校的体育教师都很少,更不用说专门的篮球教师了;有些高职院校的体育教师很多,但专门的篮球教师却很少。从篮球教师的年龄结构看,很多高职院校的篮球教师的年龄都比较小,大多低于 35 岁。实际上,35 岁以上的教师的经验往往很丰富,更有利于掌控整个教学过程,对学生进行切实的指导。从篮球教师的学历、职称结构看,高职院校的篮球教师主要以本科学历为主,具有硕士以上学历的教师很少。学历高的教师,具有比较扎实的理论知识,具有比较高的业务素质,具有较高的科研能力。而学校的篮球教学的发展离不开一定的科学研究,所以,高学历的篮球教师也应当占到一定比例。从上述可以看出,高职院校篮球运动教学的结构层次还很不合理,需要得到一定的调整。

按理来说,篮球教师的业务素质可以通过一定的进修和在职培训得到提高。篮球教师的综合素质提高了,整体的师资水平也就上去了。可是,很多高职院校并不是很重视体育教师的进修和在职培训。这一方面是因为学校的思想观念没有转变,还认为篮球不是名牌专业不能给学校带来明显的效益,篮球教师也不必专门参加培训;另一方面是因为学校整体经费不多,难以承担起篮球教师进修和培训的费用。

(四)篮球运动教学硬件配备不足

篮球的教学场地以及器材设施是衡量一个学校篮球运动教学开展情况的一个重要标志,也是影响教学各个方面的一个很重要的因素。然而从当前的高职院校来看,对篮球训练场地、需求较大的篮球项目的投入力度极为有限,没有充足资金来满足学生进行篮球运动的需求。有不少喜爱篮球运动的学生对现有的篮球场地和器材设施表示不满意,觉得不能为自己的篮球运动提供便利和保障。

（五）篮球运动教学内容单一、枯燥

从开设专门的篮球课，进行篮球教学运动的高等院校来看，它们的开课形式有俱乐部授课制、班级授课制、分性别授课制等，篮球运动教学的内容则主要以篮球基本技术为主，包括相应的理论知识和实践知识。

观察比较重视篮球运动的高职院校，发现它们每周的篮球运动教学时数不多，大多不超过 2 个学时以上。在运动教学中，体育教师主要进行的是理论知识，即讲解有关篮球的基础知识，如篮球的出现、概述、特点等，或者是介绍一些有关篮球的比赛、篮球的比赛规则等，很少涉及篮球运动的科学原理、方法、运动评价、运动保健知识、篮球运动中的技战术、篮球比赛等内容。很显然，这样的教学内容非常浅显枯燥，缺乏实用性和趣味性。学生很容易厌烦，或者根本不愿听教师讲。实际上，学生们更爱听老师讲一些篮球运动中有趣的事情，或者是关于篮球运动对健身、减肥、塑形等的作用。因为这与学生的学习和生活息息相关，能够满足他们的一些需求。

此外，学生更爱上一些篮球运动实践课，希望利用教师所教的科学的运动方式进行篮球运动，在真正的练习与训练中获得切实的锻炼与乐趣。如果在实践课上多教学生如何进行篮球比赛，并让他们真正地去比赛，则更能够激发学生学习的兴趣。显然，很多高职院校在这方面做得还很不够。实践课的比例少，内容还单一。

（六）篮球运动教学方法相对落后

教学方法在任何一种教学活动中都发挥着非常重要的作用。科学的教学方法能够帮助教师更好地完成教学任务，能够帮助学生提高学习效率。当前，伴随着教学方法的改革，在教学过程中越来越强调学生的主体作用，因而要求教师不再进行"满堂灌"，不再只重视某一方面能力的提高，而是将学生放在主体地位，重点培养学生的主动学习能力、独立思考能力和创新能力。然而，从很多高职院校的篮球教学来看，很多教师还没有充分转变这一思想，依然让学生完全跟着自己的节奏进行学习，不培养学生自我学习的能力，在日常训练中，经常是单方面重视篮球有关动作的机械重复，这必然难以激发学生对篮球运动的热情，当然也就收不到良好的教学效果。

（七）篮球运动教学评价模式相对陈旧

在很多高职院校的篮球运动教学中，篮球教学评价主要是通过由老师统一进行素质测试、专项考核、理论考试以及平时成绩测试的评价模式来评价学生学习的效果。实际上，随着教学的变革，这些教学评价模式已经过时了。其虽然能达到一定的评价目的，但是由于以教材内容为考核内容，不注重学生综合素质的考查，因而很难使教师真正掌握学生的身心特点及对篮球技战术的运用能力情况，作出的评价结果并不客观。

二、我国高职篮球运动教学的影响因素

影响高职篮球运动教学的因素有很多，以下是非常重要的几个。

（一）领导重视程度与资金投入

学校领导是否重视与学校的资金投入是影响篮球运动教学开展的最重要的两个因素。如果领导认为篮球运动教学有必要开展，就会加大关注力度，从各个方面督促相关人员做好相应的工作。更为重要的是，领导重视篮球运动教学，就会对其投入较多的经费。资金是基础，学校通过资金可以改善篮球运动教学中的硬件设施，改善学生的篮球运动条件，让学生参与篮球运动不受条件约束和限制，从而提高学生学习篮球的兴趣。此外，有了资金的支持与保障，篮球教师就能够得到进修和培训的机会。教

师的业务素质提高了,篮球运动教学的质量也就更有保证了。

总之,篮球运动教学如果得不到领导的重视和一定的资金投入,将很难顺利开展,也很难获得良好的发展。

(二)学生因素

高职院校学生对篮球运动的兴趣、篮球运动基础、认知水平以及学生对篮球教师的认可度等都对篮球运动教学的效果有着十分重要的影响。因此,为了增加篮球授课的效果,教师要更新教学内容,使其更为丰富有趣,引起学生学习的积极性;教师也要注意采用多种教学手段与方法调动学生的积极性与主动性,让不同层次的学生都能够从篮球教学中掌握一定的技能、理论知识,并通过教学培养学生其他生理和心理方面的素质。

(三)教师因素

在高职院校的篮球教学中,教师是篮球教学的教授者,也是学生进行篮球运动的指导者,其发挥着重要的主导作用。因此,篮球教学活动开展得如何与教师的专业发展水平有着直接的关系,学生对篮球运动的热爱程度在一定程度上又受篮球教师自身素养的影响。如果篮球教师的知识结构、业务能力达不到一定的要求,篮球教学的质量与效果自然也就难以保证。如果教师的自身素养不高,就难以吸引到更多热爱篮球运动的学生。可见,教师要不断提升自己的专业技能,要不断地提高自己的综合素养。

(四)教学场地、器材设施

教学场地、器材设施也是影响篮球开展的一个重要因素。如果教学场地狭窄,器材设施不全,就会大大限制学生的篮球运动。这必然也不利于篮球运动教学的开展。

(五)校园体育文化氛围

体育文化氛围是影响校园体育发展的一个重要因素。校园体育文化氛围一般从运动队训练、体育比赛、体育课、课外体育活动、体育俱乐部、体育技能表演、体育节和课间操或早操等得以体现。篮球也是校园体育文化的一个重要内容，因此，校园体育文化也是影响篮球运动教学的一个重要因素。通常来说，如果学校经常性地组织师生进行校园篮球比赛、课外篮球活动，学生对篮球运动的学习兴趣就会提升，篮球运动教学的效果也就相应地会变好。

第三节　我国高职篮球运动教学的发展趋势与对策

一、我国高职篮球运动教学的发展趋势

虽然我国高职篮球运动教学还存在不少问题，但是，从时代背景和教育大环境来看，其发展前景还是非常好的。概括来说，高职篮球运动教学主要呈现出以下几个方面的发展趋势。

（一）素质教育教学理念越来越渗透其中

随着素质教育在我国的深入开展，素质教育教学理念得到了很多学校的重视。在高职篮球运动教学中，很明显素质教育教学理念在越来越多地渗透其中。例如，教师在组织学生进行篮球知识的学习与篮球技能的掌握时，越来越注重有效促进学生综合素质能力的全面发展。例如，在篮球实践教学中，培养学生的反应能力、观察能力；在篮球比赛中，培养学生的团体合作能力、组织能力，等等。这些综合素质能力的提高，有助于学生更好地适应社会。

（二）篮球教学改革更加趋于全面化

由于篮球运动对学生的身心发展有着非常大的益处，因而学

校领导越来越重视篮球运动的教学。高职院校正在不断地进行方方面面的改革,篮球教学改革也包括其中。从当前高职院校的篮球教学改革来看,其不仅会加大推进的力度,还会注重改革的全面化,今后也必然朝着这个方向努力。所谓全面化的改革,就是从篮球教学的理念、内容,到篮球教学的方法、模式、评价等都进行改革,使学生真正对篮球课感兴趣,并主动地去学习篮球知识和技能。

(三)篮球人才培养体制更加趋于完善化

随着篮球运动教学的不断发展,篮球运动人才的培养体制也需要进一步优化。目前,我国高职篮球人才培养的现状主要体现在两个方面,一个是篮球知识技能以及比赛能力,另一个则是日常的学习。篮球队员的技战术运用能力主要可以通过训练和比赛逐渐提高。而学习方面,首先,教务处应把篮球队员的具体情况(包括平时的学习情况、考试安排和考试成绩)及时反馈到体育部,体育部经过分析和整理,将这些情况再及时反馈给校长,然后校长再根据这些情况通知教务处组织教师对篮球队员进行有针对性的考前或赛后辅导;其次,篮球队员应时刻都重视自己的学习,全面提高自己的学习成绩,从而能够更加积极主动地投入到学习中。根据上述分析可以得出,我国高校篮球运动人才培养要想更加完善化,"体教结合"的体制是最佳选择。

(四)越来越重视篮球文化

当前,不少学生对篮球的认识存在着很大的局限性,仅知道简单的篮球知识和会简单的篮球技术动作,对丰富的篮球文化知之甚少,这在一定程度上制约着学校篮球教学的发展。鉴于这一点,高职院校越来越注重篮球文化的传播。

首先,在篮球教学中,教师会多让学生了解篮球发展历程及趋势,让球员认识篮球运动技战术发展原理、熟悉篮球医疗保健及篮球裁判知识等,以陶冶学生的情操、丰富学生的文化知识。

其次,在篮球教学中,教师会让学生认识到科学的篮球运动与健康的生活方式之间的密切关系,使学生更加热爱篮球运动,并逐渐形成健康的运动体育观。

(五)更加注重通过优化师生关系营造良好的教学氛围

在教学过程中,教师是主导,学生是主体,只有两者较好地融合在一起,才能够增加两者之间的感情。教师的主导性与学生的主体性是相互联系的,只有教师发挥好主导作用,才能够使学生的主体性更好地实现,而学生主体性更好地实现也能够在一定程度上促进教师主导性的更好地发挥。课堂气氛对于教学效果的好坏有着一定的影响,通常较为活跃与和谐的课堂氛围,教学效果就会相对较好。同时,在篮球教学过程中,教师可以适当地将主动权交给学生,让学生充分参与篮球教学活动,从而更好地促使学生将自己的想法提出来,增强学生对篮球教学的积极性和主动性。

(六)篮球运动教学的信息化与网络化更明显

现代科学技术迅猛发展与普及给篮球教学的改革提供了巨大的动力。人类正步入一个与信息、信息技术革命密切相关,以智力资源为主要依托的全新时代——知识经济时代。世界篮球运动的迅速发展和篮球技术、战术的不断创新,美国 NBA 的高超技术、精湛技艺和科学化的训练方法已通过媒体和网络传入世界各国。目前,篮球课程内容的教学、训练很多方面都可采用多媒体技术,即以计算机技术为核心,利用计算机对文本、图形、音频、视频的综合处理能力,将规范的技术动作、科学训练方法与现代声像技术和通信技术融为一体,进行网络传输,形成了自然、生动、形象、丰富的成套教学、训练网。它改变了旧的教学、训练的方法和方式,开拓了篮球教学的新世界,创造出图文并茂、绘声绘色、生动逼真的训练环境。毫无疑问,这将大大地提高学习效率,增强学习效果。此外,方便的网络还能让学生足不出户就欣赏到高水平的比赛和优美的篮球技术动作,并按个人的需要将信息储存起来,作为资料积累,为今后的学习、训练提供参考。

二、我国高职篮球运动教学的发展对策

(一)加强学校领导对篮球运动教学的重视程度

作为学校教育的一个重要组成部分,体育教育起着重要的作用。高职生正处在一个身心发展的重要阶段。在这个阶段中,要想满足其身心的健康成长,就应当加强他们的体育锻炼。可想而知,体育教育在高职整个学校教育中所发挥的重要作用。篮球教育是体育教育中的重要组成部分。篮球运动既具有健身、娱乐功能,又具有教育功能,尤其是教育功能让很多学校的体育项目都少不了它。人文篮球观点被广泛接受,使得篮球除了具有竞技功能外,还广泛被应用到通过篮球的训练和比赛,使学生学会做人、学会做事的人文教育。人文篮球有助于人的全面教育,有助于弥补运动员的某些先天不足,有助于抵制竞技异化,促进竞技人性化。

从上述可以看出,高职院校开展篮球教学非常必要。为了促进篮球教学的顺利与高效开展,学校领导应当加大对其的重视程度和支持力度。领导的重视和支持必然会带动学校其他成员的重视。在所有成员的重视和支持之下,传统的篮球教学观念会得到转变,篮球教学必然会朝着更好的方向发展。

(二)加大篮球运动的投入力度

经济基础决定上层建筑。篮球运动要想得到更好的发展,就不能没有一定的经济基础作为重要支撑。因此,高职院校要加大篮球运动的投入力度。

单纯的体育经费不够时,要想筹集发展资金,就必须要想方设法扩展篮球运动的资金来源渠道。在当前的市场经济体制下,

高校篮球可以走向市场。例如,学校将篮球队作为一个产品来进行包装和推广就是一条非常好的募集资金的方式。这种方式是一种社会化、产业化的运作模式,能够通过形成高校篮球运动的品牌效应,来吸引更多投资者,为篮球教学筹集资金,从而促进篮球教学的发展。再如,寻找校企合作也是高职篮球运动募集资金的一个重要渠道。这主要是指学校组建篮球队,以挂企业牌子的方式来获得企业资助。

(三)鼓励和支持篮球教师的在职学习

鉴于高职院校篮球教师缺乏,专业素质能力不高的现实情况,各院校应该采用多种形式为在校的篮球教师提供更多的在职培训机会,提高篮球师资队伍的素质。具体来说,高职院校可以从以下几个方面鼓励和支持篮球教师的在职学习。

第一,高职院校要采用尽可能多的途径来专门培训篮球教师,使其综合素质得到提高,强化建设先进、高素质的师资队伍。

第二,高职院校要制定相应措施号召教师尽可能多地参加各种形式的学习,提高自身的教学水准和其他方面的素质。

第三,高职院校要建立合理的激励评价制度,鼓励教师多参加在职培训,鼓励他们多参与与篮球有关的科研。

(四)拓展与丰富篮球运动教学内容

长期以来,篮球运动教学内容都相对单一、枯燥,不能满足现代社会发展的需要和学校体育教学改革的要求,不能很好地激发学生学习的兴趣。随着我国高等教育改革发展的需要,高职篮球运动教学应适应 21 世纪的要求,符合现代教育的培养目标,篮球运动教学内容要拓宽是很重要的一个方面。

首先,要跨学科组织篮球运动教学内容,在篮球和其他学科间架起沟通的桥梁。这就需要教师运用现代教育学、体育学、心理学、运动训练学、经济学、遗传学、运动选材学、运动生理学、人体解剖学、体育保健学、体育管理学、体育社会学等多门学科知识,把其渗透到篮球教学内容中。这样的课程内容既符合现代科学发展的要求,又符合学习者的主观需要。将篮球与其他学科交叉融合能够大大增添篮球教学内容的灵活性,促进学生对篮球相关知识的吸收和学习。

　　未来篮球教学具有现实性和开放性。因此,高职院校一方面要与国际接轨,强调国际间的交往与合作,吸取各国篮球教学的新经验,逐步实行双语教学,实现计算机、多媒体电化教学和网络化教学;另一方面,还要立足于社会的需求和个人发展的需要,适应篮球运动社会化、产业化发展的趋向,根据人才培养的目标,完善和调整教学内容。同时,高职还应注意对教学内容加以规划、设计,充分发挥隐性教学内容的作用,使其真正服务于教育目标。

(五)发展与创新篮球运动教学方法

　　当今世界先进的教育教学理论已对我国篮球运动教学方法产生了深刻的影响。篮球运动教学的现代方法是为了适应社会的进步和篮球运动发展的要求而产生的。随着全球化进程的加快,体育教学领域也引进、吸纳各国先进的教育教学理论,并在这些现代理论的教导下进行一系列的教学改革研究,篮球运动教学也逐步向科学化、高效率方向发展。篮球运动现代教学方法的理论基础来自现代科学理论中关于学习理论的研究成果,如认知心理学中的发现学习理论和掌握学习理论,新行为主义心理学中关于程序学习的理论和社会学习理论等。它们的共同点是把系统论、信息论和控制论运用于教学实践,强调教学过程中学生的主体作用。现代教学方法能够最大限度地调动学生学习的积极主动性,在传授知识的同时,注重能力的培养。高职院校要想提高教学质量,就应在灵活使用传统教学方法的同时,不断发展与创新教学方法,使新的教学方法真正服务于篮球运动教学。

　　就实践来看,指导发现教学法、程序教学法、合作学习法、战例教学法等都是一些非常实用的新型教学方法。例如,战例教学法通常在篮球战术配合教学、篮球规则与裁判方法和篮球竞赛组织编排等内容的教学中采用。它主要是指在篮球教学中,选择篮球比赛中比较精彩的典型战例作为教材内容,通过对战例的分析,形象生动地展开教学。这种教学方法有助于学生建立概念,归纳出要掌握的有关知识和要求,然后组织配合练习,最后达到掌握的目的。运用战例教学法时,战例的选择要能够反映教学的内容,并具有典型意义,同时要求学生具有一定的篮球实战基础。

(六)建立合理的篮球运动教学评价体系

从如今的教学评价来看,普遍倡导"立足过程,倡导发展"的评价功能。因此,以考试成绩来评价教学的方式已经过时了,它也确实难以客观科学地得出评价结果。现代的教学其评价方式是多维的,多层次的评价方式,它不仅包括学生的体能、技能,也包括学生学习的积极性、平时表现,还包括学生的学习态度、合作精神等。这种多维的、多层次的评价方式能够提高学生学习的积极性、主动性,提高学生学习的自信心和战胜困难的勇气,最终达到体育教学的目的,实现教学目标。高职院校要充分吸收现代的科学教学评价理念,合理制定评价指标,选择合适的评价内容,采用灵活多样的评价方法,建立起合理的篮球运动教学评价体系。

第二章 高职篮球运动教学的基本理论

篮球运动的发展,一刻也离不开理论思维,一刻也离不开理论的指导。篮球理论是篮球运动教学的概括和总结,是指导篮球运动教学的重要依据。本章即对篮球运动教学的任务、原则、方法等基本理论进行介绍。

第一节 高职篮球运动教学任务与原则

一、高职篮球运动教学的任务

对于高职篮球的实践来说,其主要目的就是完成教学任务。高职篮球教学的任务主要包括以下四个方面。

(一)提高高职学生对篮球理论与技能的掌握程度

高职篮球课的教学主要从三个方面展开:篮球的理论、篮球技术和篮球战术。篮球教学不能仅仅局限于篮球场的实践环节,更要看重篮球技巧和篮球战术的理论性,三者关系密不可分。基础理论知识的敦实是灵活应用技术和战术的前提,技术的存在为战术的策划增加了可行性,只有将三者合理应用,加以融合,才可以将高职篮球课的作用发挥到最大。

(二)使高职学生的身体素质增强,为教学实践打好基础

身体是革命的本钱,不论进行什么样的活动,良好的身体素

质都是坚实的基础。篮球训练中,对于学生的跑、跳、投等都有要求,这就要求学生有一定的臂力、腿力来进行这一系列活动。强健的体魄至关重要,高职学生的身体素质加强是顺利实践教学的基础。

(三)进一步激发高职学生的创新意识和能力

对于篮球教学而言,学生的创造力也是应该着重进行提升的一个教学任务。篮球运动本身极具创造性,无论是对篮球技术的运用还是对篮球战术的使用,都富有灵活性、多变性以及复杂性,这在塑造学生创新能力方面有显著的效果。

(四)使高职学生的意志品质和精神得到更好的培养

在篮球赛中,队员需要通过和队友之间的合作来实现传球和抢球等,最终获得比赛的胜利。在这个过程中,高职学生可以形成坚强独立的性格,最终可以获得精神品质的提升,这种品格在后期的学习、生活经历中都有所体现,并且促进了他们的成长进程。

二、高职篮球运动教学的原则

在具体的高职篮球教学中,既要遵循一般教学原则,又要遵循专项教学原则,二者要统一起来进行。

(一)一般教学原则

1.直观性原则

大量实验证明,直观性原则在高职学生篮球教学中起着很大的作用。直观性原则侧重于直观,具体是指高职学生通过自己对于篮球训练的直观看法,如触觉、听觉、战术的亲身感觉等来带入自己的理解,从而实现对于战术、技巧的深刻记忆。这种学生主动地去学习并记忆学习内容的原则,更容易产生较好的教学效果。

直观性原则在日常生活中有深刻体现,教师采用的沙盘教学、视频教学、PPT教学等方式,都是直观性原则的直接利用与体现。教师在具体的篮球教学中想充分利用直观性原则,需要做到以下几点。

(1)明确教学目的和方法。教师的教学不能毫无目的,没有方向,尤其在对于初学者的教学过程中,这点至关重要。若初学者在错误动作时没有得到及时纠正,那么在后面的教学中会造成极大的困难,所以对于他们的错误动作,要有针对性地进行动作分解,逐一解释,考虑到对方的年龄和理解能力。

(2)在具体的篮球教学中,教师充分利用示范、电影、录像等形式,使学生产生明晰的技战术动作表象,奠定篮球技战术学习的基础。

(3)直观性原则的体现并不仅仅在理论教学的过程中,而是要将理论与实践相结合。理论的图像性讲解远不如亲手操作时的触觉、听觉等来得更深刻,所以要注意平时教学生活中的理论与实践结合。

2.对抗性原则

篮球的对抗性原则是根据篮球自身的特点而定的。篮球是两方队伍的抢夺赛,两方学生需要通过战术、技巧的规划来使自己得到更多的分数,这就是对抗性的体现。要想合理、有效、科学地将对抗性原则应用到训练生活中,这需要注意以下几个方面的要求。

(1)在篮球教学中,体育教师要引导学生深入研究篮球攻守对抗和转化的基本规律,让学生意识到篮球教学的根本意义。让学生明白攻防本身就是一个相互制约相互发展的过程,二者缺一不可,二者之间是一个辩证统一的整体。

(2)制定篮球赛场上的攻与守的战术时,要注意攻与守的合理搭配,避免侧重一方的情况出现,便于高职学生篮球水平和攻与守思想的提升,而不是仅仅局限于进攻或一直处于被动状态。

(3)篮球训练中不能从头到尾仅仅维持一种强度的训练,教师需要随着高职学生水平的提升来增大训练的强度。如果仅仅维持一个水平的训练,不但无法提升水平,反而会让高职学生失去学习训练的乐趣,适时地提升训练的强度至关重要。

3.渐进性原则

渐进性主要指循序渐进,是指教师在授课过程中应该顾及高职学生的理解水平和学习能力,避免因为授课进度太快,学生难以跟上的情况的出现。只有对学生进行从无到有,从少到多的教育,逐渐稳步地将篮球知识体系建立,才能让学生的知识变得更牢固。在高职篮球教学中贯彻循序渐进的基本原则,要十分注意以下两个方面。

(1)教师需要通过对教学大纲的理解,结合教材辅导,最终得出一种最适合高职学生的篮球水平提升的方案。

(2)在篮球教学过程中,体育教师要密切注意学生动作技能形成的生理机制和心理机制,按照学生动作技能形成的阶段性特点及其规律来组织与开展篮球教学活动。除此之外,体育教师还要高度重视学生篮球动作技能的迁移,循序渐进地提高动作技能。

4.自觉性原则

在具体的篮球教学过程中,要想提高教学质量,要将教师的主导作用和学生的自觉积极性充分结合起来进行,这需要注意以下几点。

(1)师生关系与学生成绩几乎成正比,在篮球教学中也要注意这一点。努力营造一种良好的师生关系氛围,这有利于学生学习的进步,也有利于提升教学质量。

充分发挥教师的主导作用有利于激发学生的积极性,加深对于篮球运动的兴趣,教学质量由此提升。教师的主导作用通常体现在以下两个方面。

第一,为了充分吸引学生的注意力,在教学方法、教学内容上进行不断更新。

第二,教师积极努力地营造一种良好的篮球学习氛围,帮助学生提升对于篮球的兴趣,加强其对于篮球文化学习的欲望。

(2)高职学生应该具备一种自行解决问题的能力,而教师需要引导学生去解决他们遇到的问题,培养他们解决问题的思路的构建,而不是直接给予他们答案。

在高职篮球教学中,体育教师应采取各种措施和手段来培养和提高学生学习篮球的积极性和兴趣,充分激发学生学习的动机,这样才有利于学生的主动学习,提高自主学习的能力。

(3)师生间信任的建立有利于篮球学习成绩的提升。当学生对老师展现出充分的信任时,对其的做法、语言会表示认同,这便于知识的传递,有利于学生学习能力的提升。

5.因材施教原则

虽然在校园这个大环境里,教学对于大部分人具有普遍性,但是教育也是有针对性的,应该进行因材施教,针对不同年级、不同学习水平的学生,采用不同的教育方法,便于最大限度地将学生的能力激发出来。既然在篮球教学中,实施因材施教原则如此重要,那么在使用过程中,我们需要注意以下方面。

(1)坚持以实际为第一依据。以实际情况为计划制定的依据,适用于其他学校的方法不一定适用于本校,应根据本校学生的切身经历制定出最有用的一套应用方案。

贯彻因材施教时还要注意设施的跟进。一个良好的训练教育平台,良好的设施是必不可少的,良好的设施有利于学生的安全保障和学生能力兴趣的提升。

(2)从整体上把握。篮球教学中,教师面对的是学生一个大整体,要从这个大整体上制定相关的教学计划,有利于整体学生的能力提升,便于学生兴趣的培养,在教学过程中,也可以使水平较低的学生有一种急迫感,从而对其提供进步的动力。

6.巩固提高原则

篮球教学方法的实践过程中,要注意巩固提高原则的应用。巩固意指对旧知识的深化应用、加强。老师需要通过不同的教学方法,不同的展示方式给学生二次记忆的机会,便于学生的重复记忆的塑造——重复记忆有利于学生对已学知识有更深的印象,使得学生在后期的实战中可以更加有效地应用。因此,在篮球教学中,要注意巩固提高所学到的篮球知识和运动技能。遵循与贯彻巩固提高原则需要做到以下几点。

(1)提高教师授课的准确性。随着所学知识的深入,越来越多的难度较高的技巧、技术逐渐出现,这时教师应尽量采用效果更显著的教学方法,便于学生对于新知识的接受和理解,从而提升学习质量。

(2)在篮球教学过程中,要逐渐增加运动密度和动作重复的次数,反复强化,以形成良好的条件反射,提高篮球运动水平。

(3)鼓励学生积极参与课余生活中的篮球比赛游戏训练,有利于提升学生的熟练度,同时又有利于巩固学生对篮球的兴趣。

(4)竭尽全力去激发学生学习篮球的积极性和兴趣,从而提升教学质量和学生的学习能力。

7.身体全面发展原则

在篮球教学过程中,要结合学生的特点和具体的教学实际合理选择与安排教学内容,科学地指导学生进行身体锻炼和技能训练,如此才能促进学生的全方位发展。在篮球教学中,贯彻身体全面发展原则需要做到以下几点。

(1)满足大纲对于篮球培训的基本要求,满足其对于学生的发展成长多面化的要求。

（2）篮球教学过程中要涉及学生身体各方面素质的提升，那么在这个过程中，要注意充分发挥准备工作的作用，在准备工作中完全拉伸学生的肌肉，保证后续活动的进行，避免因为准备工作的缺失导致学生受伤的事件发生。此外，还要指导学生做放松练习并安排课外练习作业。

8.多样综合性原则

篮球比赛中多样综合性意指将篮球比赛中的多变性与对抗性进行综合。篮球比赛的激烈场景为这些提供了一种新的组合方式，有利于学生将多种情况加以综合，提升学生的综合能力。那么如何将多样综合性加以落实？

（1）教学形式的多样化。教师将教学形式进行多样化，最大限度地提升学生学习能力、学习水平和对于篮球的喜爱，充分将现代科技与枯燥的教学知识加以融合，体现出其多样化的一面。

（2）单个技术与小组多项技术的有效组合。具体是指队伍中个人的能力特点和队伍整体能力相契合，保证个人的能力在队伍中可以有最大的体现，这不仅有利于个人能力的提升，并且为其能力的提升提供了大致的方向。

（3）要将技术、战术和意识培养结合起来进行。篮球运动是一项对抗激烈的运动项目，运动员要在力量、速度、技术、智力等各个方面展开较量，因此在篮球教学中要将以上各个方面结合起来进行。

（二）专项教学原则

专项教学原则主要指对于某些情况采取针对性教学，比如针对篮球比赛攻或守的薄弱点进行专项的训练。一般来说，在篮球教学中进行专项教学要贯彻以下几个原则。

1.专门性知觉优先发展的原则

在篮球运动中，运动者要以球为工具，充分运用手指、手腕对球的控制能力展开各种对抗活动,因此手指、手腕等专门性知觉非常重要,在篮球教学中通常采用大量的熟悉"球性"的练习来优先发展这种能力,以提高篮球运动水平。

2.技术个体化和区别对待的原则

校园篮球教育的授课过程往往是一对多,一个老师面对着许多学生,这时学生因为水平的不同,其动作的准确性、正确性也大不相同,但由于其基础性又不能置之不理。这就要求老师在面对学生犯的这些错误时可以有足够的耐心进行一次次的纠正,将技术个体化,对于那些进度较慢的学生进行区别对待。

3.学习技术动作与实战对抗运用相结合的原则

前文说到,篮球因其本身的特点具有一定的对抗性,这就导致了学习过程中要对其对抗性有一定的讲解和演示。教师对于这种教学不能仅限于课堂,而要顾及理论教学与实践活动综合。可以说,技术动作学习与实战运用相结合,符合开放性运动技能教学的规律。也就是说,学生在学习与掌握篮球运动技能的过程中,要建立起对抗的概念和技术实效的概念,而不仅仅是埋头苦练技术,要注重实战能力的培养。

4.少而精与实效性原则

在篮球教学中,贯彻少而精与实效性原则就是要抓住篮球教学中的主要矛盾展开教学活动。在具体的教学中,教师所选择的教学方法要尽量简单易行,确保实效性。首先,发现基础的重要性,基本功的学习和训练不容懈怠;其次,以练习为主要学习方式,这样便于学生自己发现问题并且解决问题;最后,注重学习的合理性,教学的可行性,教师要注意对自己教学方案中不合理的部分并进行及时地修改。

第二节　高职篮球运动教学内容与方法

一、高职篮球运动教学的内容

虽说篮球教学内容复杂，但是不能离开教学对象，要以教学目标为依据进行筛选，从而找出最好的教学方案。篮球教学可以让学生对于自己所学技术、战术有更深刻的理解，因此，篮球教学的内容主要包括篮球的理论知识、技术动作以及战术配合三个方面。

（一）篮球理论知识

理论指导实践。篮球理论知识的教学对学习者而言具有重要的指导作用。

篮球教学理论知识在一般情况下主要包括技术分析、战术分析、教学训练理论、竞赛组织、竞赛规则、裁判判定法等方面。学生通过对上述内容的一个简单的基本学习，会对篮球有一个基本的初步认识，为后期的篮球技术、战术学习打下坚实的基础。所以在篮球理论知识的授课过程中，教师在这部分内容的教学中要给予足够的重视，而不能仅仅是一语带过，特别不能对技战术的运用方法和时机缩略讲解。总的来讲，篮球教学过程中应注意完善理论与知识的传授。

（二）篮球基本技术

篮球技术教学作为高职篮球运动教学的最基本内容，同时，也是耗时最长的学习内容。

篮球技术规格、动作方法、动作要领以及技术的合理运用等都是篮球教学的重点内容。这些基本功的学习和应用都十分重要,教师在授课过程中对于这些绝不能简单地一语而过。这不但会在初期对于学生的学习积极性有所打击,而且作为基本功,会使学生在后期的学习过程中变得十分吃力,不利于篮球动作的学习和练习,更别说战术的构思和技术的训练。

(三)篮球基本战术

在篮球运动竞赛中,战术阵势和战术配合是主要特征之一,也就是说,特定的战术布阵是篮球运动集体对抗形成的主要形式,因此,篮球战术配合方法是篮球教学的重要内容。在篮球教学实践中,两三人的基础配合和全队配合是篮球战术配合教学的主要内容。教师的教学方法、授课方式等需要满足学生的兴趣需求,得到学生的认可。除此之外,教师需要着重培养学生的战术配合意识和团队协作能力,使得战术的应用在学生的比赛中有完整体现。

需要注意的是,篮球教学的内容并不是固定不变的,随着时代的发展,其教学内容也会出现相应的更新。学校应根据时代需求,合理选择教学的内容。

二、高职篮球运动教学的方法

教学方法主要指教学过程中师生传递信息的方式,教师向学生传授有关知识技能时所采用的技术手段。将篮球教学方法根据现代教学理论和篮球教学的实践经验进行分类,可以分为常规方法和现代方法两大类。

(一)常规方法

常规方法主要是指来源于各代教师的教学授课经验,总结出的较为有效的方法,往往具有很强的可实施性,经过了长时间的演示和教学鉴定,确定了其使用效果,对其中可能发生的状况和应对措施也有所预料。篮球教学过程中常常涉及的常规方法包括以下四种,即讲解法、示范法、练习法和纠错法。

1. 讲解法

讲解法顾名思义,是指教师通过动作、语言等方式对教学内容进行解释和演示,意在帮助学生更好地理解和认识学习过程中出现的相关知识点。讲解法一般较为详细、具体,更容易为学生所接受,也是教师们使用频率最高的教学方法。在运用此方法时需要注意,要掌握好讲解的时机,突出重点,并且讲解的内容符合学生的知识掌握程度。

2. 示范法

示范法就是指教师在篮球教学中以自身的动作作为篮球技术动作教学的范例,来对学生的训练进行指导的方法。这种方法可以使学生对所学技术动作结构有一个清晰的了解,从而有助于学生建立正确的动作表象。在教学过程中,合理、正确的示范更容易提升他们的学习兴趣,从而获得学习上的进一步提升。

在具体的篮球教学中,教师运用示范法时应注意以下几个方面。

(1)要有明确的示范目的

篮球训练学习中,教师的示范应该具有一定的针对性、具体性。例如,针对学生的错误动作进行纠正、示范,每个人的错误不一样,修改方式及途径也各不相同,教师对于不同的动作要有不同的示范,不能一概而论,否则结果只会让学生对其盲区更加迷茫。当然对于示范的目的性、针对性也不仅局限于此,还包括针对不同阶段的学习可以采用不同的教学方式,分类教学加深印象。

(2)示范动作要正确和熟练

在这里对教师示范动作有一定的标准,教师需要以身作则。如果教师自己的动作都不标准,教出来的学生也很难达到标准。教师应当明白一旦到了课堂上,自己就是学生的焦点,如果因为自己的疏忽使得错误的动作规范被学生习得,那么反而和自己的初衷背道而驰,而且教学上的严谨、规范有利于教师提升自己的教学水平。

(3)示范要便于学生观察

篮球高职教学的过程中,要充分考虑到学生的人数、身高等原因,选择合适的距离、示范高度、示范方式,确保班级内的每一位同学都可以看到教师的示范,听清教师的示范讲解。如果学生无法跟上教师的示范,看不到教师的示范,那么示范也就没了其本身的价值和意义。一种无法给学生带来深入地了解知识的作用的示范,也就没有其存在的必要。

(4)示范、讲解与启发学生思维相结合

在篮球教学中,只有充分调动起学生的听觉和视觉,才有可能获得理想的教学效果。因此教师一定要做好示范动作,将示范、讲解等教学方法结合起来进行。示范与讲解相结合可以有效增强篮球技术动作的内在联系,使学生获得良好的感知效果,从而形成正确、清晰的动作表象,这对于教学质量的提高是非常有帮助的。

3. 练习法

练习法是指以讲解与示范为基础,通过组织学生进行身体练习而达到掌握篮球技能的目的的方法。因为目的、重点不同也会有不同的分类方法。比如,以练习的形式为主要依据,可以将练习法分为简单条件下的练习、完整练习、分解练习、复杂条件下的练习;以篮球运动特点为主要依据,则可以将练习法分为个人技术练习、对抗性练习和配合性练习等。在运用该方法时需要注意时效性等其他因素的影响,保证练习的效果。

4. 纠错法

纠错法即当学生动作不规范时教师对他的错误进行纠正,并教会其正确的做法。这种做法一般有利于学生认识错误,纠正错误。通常情况下,诱导法和条件限制法是比较常用的两种纠错形式。

(二)现代方法

现代方法主要凸显其现代性,具体来说,就是在篮球的教学之中全面系统地利用当代信息论、系统论和控制论。现代方法最大的优势在于可以科学合理地将实践方法带入到学生的篮球课程当中,利用其新颖性吸引学生目光,从而获得学生青睐,吸引学生学习兴趣,使学生的成绩提高,篮球水平稳步提升,同时也有利于提升教师的自信心,增强讲课的水平。

篮球教学的现代方法主要有掌握学习教学法、指导发现教学法、程序教学法、合作学习教学法等。

1.掌握学习教学法

掌握学习首先要掌握目标分类体系。目标分类体系即依据教学的目的任务和初始测量的结果,将篮球教学这个总体的框架分类为不同的小的部分,然后再按照目标分类体系的体系标准制定出相应的评价标准。对教学状态的评价贯穿于教学的整个过程,包括教学开始、过程之中和教学结束。评价分为三种:初始评价,形成性评价。终结性评价,课程初始阶段的评价被称为初始评价,在教育过程中逐渐形成的评价是形成性评价,而在教学结束后进行总结的评价是终结性评价。及时在评价结束后给予教师一个反馈,以便于教师判断自己的授课标准、授课模式等是否正确,便于教师对其自身有一个反省的过程,也便于学生提升自我,是一种双赢的学习方法,最终实现的是双方的共同进步。其具体的整体模式如图 2-1 所示。

2.指导发现教学法

所谓的指导发现法主要包括两个方面:一个是教师的指导。教师以指导语的方式改造所授篮球教材内容,从而达到使学生自行解决的程度,并且将一些相关的观察和分析的直观感知材料提供给学生。另一个是学生对问题的发现。学生通过在课前预习篮球知识、经历和理解,发现一些解决不了的问题,并且将其带到到课堂上寻找解答方案,而教师这时候要给予学生一定的指导以解决问题,最后采用分析和归纳的方法将这些问题进行总结。一般情况下,这种方法主要应用于学习篮球战术、理解攻防关系和掌握技术要点,运用得好,往往能够取得较为理想的效果。其整体教学模式如图 2-2 所示。

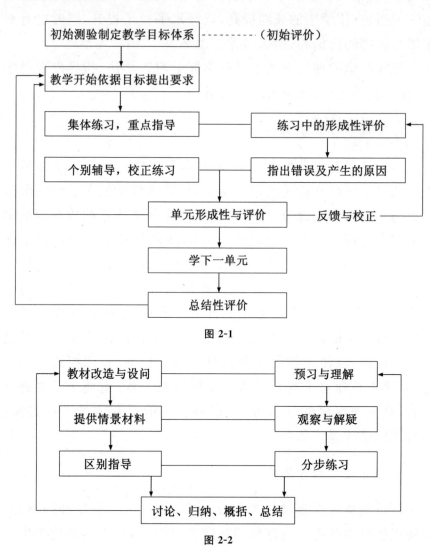

图 2-1

图 2-2

3.程序教学法

程序教学法,也叫学导式教学法或小步子教学法。可以按照学生的认知来将整个大的学习范围划分成几个小的部分,一个一个完成,从而达到整体的完成。程序教学法的主要步骤是:每一阶段的教学中,学生要根据自己的能力、测试结果做主要总结,认真归纳自我,发现自身存在的问题并加以改正,这有利于学生的自省和能力的有效提升。当这一步已经成功迈出时,就可以迈出下一步,但是如果遇到没有成功解决的问题时,要积极通过和教师间的沟通或自我反省身上的问题进行改正。在篮球技术教学中采用这种新学法往往能取得较好的效果。其整体模式如图 2-3所示。

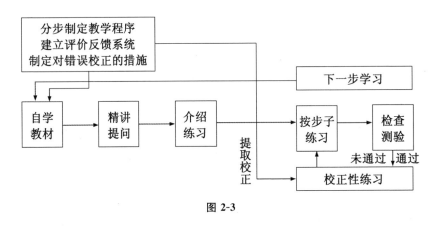

图 2-3

4.合作学习教学法

从社会学习的角度来看,篮球的学习是一种社会学习方式,我们可以通过合作学习法进行交流学习。那么这一教学方法又该怎样加以实施呢?在教学过程中对学生进行自愿分组,再从分好的小组内筛选出表现比较好、学习比较快的成员,最终让这些成员和小组中其他人进行互帮互助,从而获得整体的成功与进步。如果想要效果更加显著,那么就不仅仅需要进行队友之间的互帮互助,而是在整个团队之间构成一种共同进步、积极向上的气氛,这有利于对难以理解的知识的学习,而且也可以教会高职学生与人相处的准则,便于学生在团队中可以更好地发挥自己的作用。

第三节　高职篮球运动教学模式及其选择

篮球的教学过程并不是一成不变的,它的教学模式充满了多样化。如果希望高职校园中篮球教学能顺利开展,那么就需要寻找出最适合的教学模式,因此高职篮球运动教学模式的选择至关重要。

一、传统教学模式及其选择

(一)传统教学模式

我国从古到今的教育模式中,传统教学模式可以说一直处于不败的主导地位,它主要以教师教学为主。这种教学模式同样存在于高职院校内,通过教师的讲解、示范使学生获得知识,教师在此间一直处于引导者的身份。

传统教学模式是根据运动技能的形成规律设计出来的,其主要目的是系统地传授技能。通过篮球技术的学习,达到掌握运动技能的目的,是传统教学模式的主要教学目标。

这种模式是通过对苏联教育家凯洛夫的教育思想和教学模式的借鉴,并且遵循运动技能形成的规律(粗略掌握动作阶段—掌握动作阶段—自动化阶段)以及学生认识事物的规律(从感性认识上升到理性认识),具体可以将教学过程细分为感知—理解—巩固—应用等几个阶段。图2-4非常明确地将传统教学模式的操作程序进行了展示。

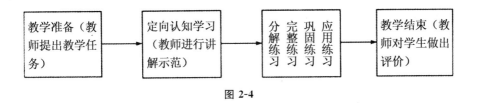

图 2-4

（二）传统教学模式的选择

这种模式的选择是有一定要求限制的。因为高职自身文化、训练内容等都存在一定的复杂性,不适宜刚加入的初学者学习,甚至一些中等水平的学生都无法适用,只有对篮球有熟练的操作,充分了解篮球的学生才可以选择这种模式。

二、分层教学模式及其选择

（一）分层教学模式

这是在传统教学模式的基础上进行改进而发展出来的一种新的教学模式。分层模式通过运用"分层"的教学方法,弥补了之前传统教学模式不能针对性地对有层次水平的同学进行教学的困难,便于教学模式基础化,更加贴合学生实际需要,很大程度上提升了学生对于篮球学习的积极性,深化了传统模式,使传统模式进一步完善、成熟。

分层教学模式符合从实际出发的教学原则,有利于因材施教。分层教学有利于调动全体学生的练习积极性。身体素质好的学生完成动作质量和要求与他们的良好素质成正比,在练习时挑战自我;身体素质差的学生练习动作时的要求要符合他们的接受能力,这样练习时才会尽心尽力。针对不同层次的学生提出不同的练习目标,才能有效调动全体学生的学习积极性。

分层教学模式有一个很大的优点,那就是提升了学生的自信心。学生由于学习层次的不同,其对于篮球课的理解也不尽相同,这时就要求他可以和同水平的人之间进行知识交流,这有利于培养学生的自信心,在有限的层次里提升他的水平,最大限度地对其潜力进行开发。

综上所述,分层教学模式相比较之前的传统教学模式,更可以激发出学生学习的热情,培养其学习的积极性、主动性,提升他们对篮球的兴趣,增强其学习篮球的欲望,同时也便于教师熟练自己的教学方法,最好地将教学方法进行整合,寻找出最适合的教育手段,有利于整体能力水平的提升。

(二)分层教学模式的选择

分层教学模式对于高职篮球教学中的所有学生都适用。对素质较差的学生,要求不宜过高,可以将最基本的技术动作、知识理解掌握并且会简单应用;对素质一般的学生在掌握程度上要求发展技术的提高;对素质较好的学生更重要的是培养创造性和发展求异思维。这样,全体学生对体育活动都充满了兴趣,从而主动参与,让不同层次的学生得到相应的满足。

分层教学模式中有几个应当注意的问题:第一,学生教育计划不能脱离大纲,要根据大纲制定出适合学生个人的教育计划;第二,分层教学应当注意分层后的一视同仁,避免因为分层后出现两极分化的极端情况;第三,分层应当具有科学性,要按照科学方法合理分层,保证分层的合理性、有效性;第四,分层过程中保持流动性,不能使学生固定在某层次一成不变,要根据学生的学习变化进行改变。

三、快乐教学模式及其选择

(一)快乐教学模式

在 20 世纪 70 年代的日本,快乐教学模式被提出。快乐教学模式源于新课程改革,是日本人民创造的便于学生学习的一种教学模式。主张学生在学习体育运动技能的同时也能体会到运动的乐趣,并通过不断体验运动乐趣来对学生终身体育意识进行培养,是这一教学模式的主要指导思想。图 2-5 较为明确地展示了快乐教学模式的主要操作过程。

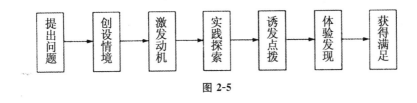

图 2-5

(二)快乐教学模式的选择

由于快乐教学模式对教学内容的难度要求较低,因此,对学生的篮球基础的要求也相对较低,这就导致快乐教学模式对教师的教学方法有极高的要求,要求教师有足够有趣的方式吸引学生参与篮球活动,参与教学活动,培养他们对篮球的喜爱。

第四节　高职运动教学文件的制定

作为教学工作的各种计划,包括教学大纲、教学进度和课时计划(教案)在内的教学文件是在长期教学实践中总结出来的宝贵经验,是教学工作的主要依据。正确制定和执行各种教学文件是全面完成教学任务的前提,也是顺利进行教学工作的根本保证。

一、教学大纲

教学大纲是教师教学工作的主要指导性文件,它是根据教学计划中所规定的培养目标、教学目的任务和基本要求以及对各门课规定的总时数,以纲要的形式列出该门课程的教学内容、顺序、分量、形式和主要措施。

教学大纲是国家对于一门学科教学成果进行检查的基本依据，而教师在日常授课过程中一般都是以这个为依据的，严格按照国家标准执行。少数学校会根据本校具体情况制定相应的教学大纲。

（一）教学大纲的结构和内容

大纲的构成通常分成三部分：说明、正文以及参考文献目录。这三个部分的主要内容如下。

1.说明

说明主要体现在三个方面：一个是该大纲的使用范围和对象，一个是制定大纲的指导思想、原则，还有一个是使用时应注意的问题。

2.正文

大纲正文的内容比较广泛，主要可分成五个方面：第一，本门课程的教学目的、任务；第二，为完成教学任务而采取的主要措施以及考核的内容和方法；第三，教学内容的细目提要与基本要求、课时数分配与各部分的比重；第四，组织教法的形式、方法、要求；第五，教材编选的原则。

3.参考文献目录

参考文献目录是对主要的参考文献的相关情况的介绍，主要包括参考文献的作者、名称、题目、出版单位名称与机构、出版日期等方面。

（二）制定教学大纲的基本要求

大纲的制定是一个严肃的过程，为了使这个过程更加严格、科学化，需要注意以下几点。

第一,从实际情况出发来制定相关大纲,根据现实情况,取得这方面的相关人员的意见。

第二,教学内容要具有一定的科学性,大纲的内容要随着时代进步。

第三,大纲中不但应该包括基本功等基本理论、技术技能,而且需要将教师教学任务加以融合,结合学期课时进行总结。

第四,争取处理好实践性与理论性的关系,不能仅仅对一方有所要求,强调实践性与理论性相结合。

第五,考试内容要符合学生的学习情况,要求做到以基本理论、基本技术与技能为重点。

二、教学进度

以教学大纲的任务、内容和课时数分配为主要依据,将教材内容具体地落实到每次课的教学文件中,即为教学进度。由此可以看出,在篮球教学进度中,教学内容逻辑的确定依据就是篮球知识技能认知学习的基本规律,因此,教学进度能够充分反映教学方法和教学策略。教学进度的科学、合理制定,对于教学质量与效果的提高具有非常积极的促进作用。

(一)教学进度格式

在篮球教学过程中,有两种格式是比较常用的,即名称式教学进度、符号式教学进度。

1.名称式教学进度

在制定进度时,按照课程顺序填入教材名称,并且在课程类型内填写采用的组织方式,其中,理论讲授、实践教学和研讨等都要用到名称式教学进度。另外,还可以将一些其他相关事项填入备注栏中(表2-1)。

表 2-1　名称式教学进度表

课次	教学内容	课程类型	备注
1			
2			
3			

2.符号式教学进度

根据编号顺序将教材内容逐个列入教学内容栏内,然后再根据出现的先后顺序在相应的课次栏内画上"√"号。为了保证教学进度的合理性,一定要注意排列组合的科学性,只有这样才能够将每次课的教材安排和整个教材排列顺序及数量充分反映出来(表 2-2)。

表 2-2　符号式教学进度表

次数／内容		1	2	3	4	5	6	7	8	9	四	五	六	七	八	九		
		1	2	3	4	5	6	7	8	9	1	1	1	1	1	1	1	1
理论部分	1																	
	2											○		○		○		○	
技术部分	1																		
	2	△	×																
战术部分	1																		
	2	△	×	×	×														
考核																	⊕	⊕	

注:"○"为理论课;"△"为新上课;"×"为复习课;"⊕"为考核。

(二)制定教学进度的基本要求

要使对于教学效果和教学质量有一定影响的教学进度达到最佳的指导效果,在制定教学进度时有以下几种要求。

1.在全面的基础上突出教学重点

教学进度的制定要以教学大纲的要求和运动技能形成的规律这两个方面为主要依据,为使教材内容更具科学特色,需要从全面的基础上审视教学进度,再对较为重要的部分进行针对性训练。

2.将理论与实践科学合理地统一起来

理论与实践本身就是息息相关,无法分离的,任何一门学科如果只侧重其中一方,都难以取得显著的效果。

3.要遵循循序渐进的原则

教学进度中,要根据教学的实际情况和教学需要合理分配每次课的内容、分量,并进行合理搭配,对于教学效果不要追求一蹴而就,而要一步步来,逐渐提高学生的篮球技战术运用能力。

4.要以合理的逻辑关系和迁移原理为指导

教材的罗列过程中突出合理的逻辑关系,将篮球知识和技术分开谋划,良好的条理性有利于提升学生的学习兴趣。

三、教案

教案也就是我们日常所说的课时计划,是教师根据教学进度编制而成的。教案不仅是教师上课的依据,而且对于教师积累资料、总结经验、提高对教学规律的认识也具有非常积极的促进作用。除此之外,通过教案,还能够对教师的工作态度、业务水平等进行检查和考核。因此,对于教学大纲所规定的教学任务来说,科学地编写每次课的教案对其全面完成教学任务意义重大。

(一)编写教案的要点

教案编写的过程非常复杂,涉及的因素也有很多,通常情况下,主要包括以下几方面要点。

1.钻研教学大纲

教学大纲是以教学计划为主要依据,以纲要的形式编制的关于教学内容的指导性文件。钻研教学大纲的意义主要体现在两个方面:首先,通过大纲便于教师对本学科有一个基本的认识把握,有利于备课方向的选择,关于备课对总的目标要求的体现都非常有利;其次,能够使教师在心中对课本形成一个大致框架,对于知识结构有所了解,并在了解过程中将框架进行总结。

2.仔细研究教材

教材作为教学大纲的具体化,既是教师课上教学的主要依据,同时也是学生学习的主要内容,因此,仔细研究教材是非常有必要的。为了满足不同的教学需要,研究教材的方式也有所不同,主要有两种形式:一是对于教材的简单认识,在进行过大致浏览后,教师对于教材的大体框架,具体内容会有一个初步理解,便于后面教学活动的进行;二是精读教材,就是在授课之前,对教材进行仔细阅读和钻研,从而达到对教材内容耳熟能详的程度。

3.确定教学目标

教学目标是对教学结束时学生必须获得的学习结果或终点行为的预期。教学目标是一个整体,具体有不同的层次构成。以教学目标表述的抽象程度,可以将教学目标分为终极教学目标、中程教学目标、具体教学目标三个类型。

4.了解教学情境

科学、有效、合理的教案编写并不是毫无依据的,主要依据于对学校教育情境有一定了解。想要在教案编写中获得成功,"知己知彼"是一个重要的环节。具体来说,所谓的"知己"就是教师以自己的知识水平为基准,对书本进行一段时间的探索;而"知彼"则是指对教学情境的深入了解。如果想达到最佳的教育效果,就需要对教学情境加以了解,通过对教学情景的了解来制定教案,便于学生性格、精神等方面的发展。

5.选择教学方法

教学方法主要包括两个方面,即教师"教"的方式和学生"学"的方式,只有将两者较好地结合在一起,才能够取得理想的教学效果。科学、合理的教学方法是教学任务完成的重要途径。如果确定可行性较强的教学方法,能够在很大程度上提高学生对教学内容的吸收效果,达到全面增强身心素质的目的。但是,在选择教学方法时需要注意综合运用几种教学方法,尽量避免仅运用某一种的弊端。

6.设计教学过程

教学过程就是师生双边活动的过程,具体来说,一个是教师以发展学生的能力、进行思想教育为主要目的,而向学生有目的、有计划地传授知识和技能的过程;另一个则是学生在教师的指导下主动积极学习的过程。教案编写过程中非常重要的一步就是对教学过程的设计,因为教学过程设计的情况能够直接影响到教学任务的完成情况。

(二)编写教案的基本要求

作为上课指导,教案的好坏严重影响着上课质量的好坏。教案的质量能否得到有效保证,主要取决于能否做到以下几方面的要求。

第一,对本课的主要教学任务有基本的了解。以实际的情况为基本的依据,根据实际情况制定教案。

第二,要做到区别对待,因材施教。

第三,不但对本学科的主观方面有所了解,对于本学科的客观方面也要有所体现,对于教案的编写要涉及上课时间、人数及方式。

第四,不仅要注意保证教学的完整性和系统性,做好课次之间的衔接,承上启下,而且还要遵循循序渐进的原则。

第五,要以本课的主要任务为主要依据来确定合理的课堂组织模式。课堂顺利进行的重要保障,便是严谨的教学组织形式。

第三章　篮球运动教学开展对高职学生健康教育的影响

根据世界卫生组织在 1978 年国际保健大会上通过的《阿拉木图宣言》重申的健康概念："健康不仅仅是没有疾病和痛苦,而是包括身体、心理和社会适应方面的完好状态",可以看到人的健康是由身体健康、心理健康和社会适应能力较强三大方面组成的。其中身体健康又可分为身体形态和机能的健康,以及身体素质。因此,本章分析篮球运动教学对高职学生健康的影响,也主要从篮球运动对学生身体形态和机能、身体素质、心理健康,以及社会适应能力四个方面的影响入手。

第一节　篮球运动对身体形态和机能的影响

篮球运动是将跑动、弹跳、投掷等动作有机结合在一起的运动项目,经常参加篮球运动,会对人体的身体形态和技能产生显著影响。

一、篮球运动对身体形态的影响

(一)篮球运动对人体骨骼的影响

骨骼是人体的支架,是人体正常坐卧行走、进行一切生命活动的基础。它除了可以为肌肉提供支撑外,还可以保护重要器官免受伤害,同时也是贮藏骨髓、储存矿物质(尤其是钙)的场所,这是维持人体细胞功能所必需的。因此,骨骼有"生命工厂、体质银行"之称。人的一生中,老的骨组织不停地被清除,新的骨组织不停地建成并替代被清除的老的骨组织。

经常参加篮球运动,人体通过不断地奔跑、跳跃、急停和变向等动作,不仅促进了血液循环,增强了新陈代谢,而且有效地促进了骨的结构与功能的变化,使骨密质增厚,骨小梁的排列受肌肉的强力牵拉和外力的刺激作用,更加规则有序,增强了骨的坚固性,韧带在骨骼上的附着部位、结节、粗隆和其他突起部位,变得更粗糙,这有利于肌肉和韧带更牢固地附着在骨骼上。这些变化都有利于骨骼承受更大的外力作用,提高了骨的抗扭、抗变、抗断和抗压能力。

(二)篮球运动对人体肌肉的影响

肢体任何一个简单的动作,都需要多组肌肉合作才能完成,因此在篮球运动中,运动员的任何一个动作,都是围绕在骨骼周围的骨骼肌共同作用完成的,这也就使得篮球运动对人体肌肉产生了以下几方面的影响。

(1)运动员在篮球运动中经常需要快速起动、急停变向、攻防转换,这些技术动作一般通过运动员脚蹬碾和腰腹肌等力量改变身体位置、方向和速度,使原动肌、对抗肌和固定肌共同收缩,相互配合,共同协调,以确保工作的完成,这样一来,运动员肌肉群体的协调性会得到充分锻炼,肌肉收缩的效率也会显著增加。

(2)篮球运动是一项集速度、力量、爆发力、耐力、灵敏性和柔韧性于一体的运动项目。在该项目中,一方面,运动员在参加运动中表现出的力量对抗性动作能使其肌纤维得到最大限度的发展,使肌纤维增粗明显;另一方面,篮球运动中体现出的耐力,也可使肌纤维中线粒体数量增加,体积增大。

(3)运动员在篮球运动中由于各类技术动作的完成,会反复地收缩和牵拉肌肉,这会在很大程度上促进肌腱和韧带中的细胞增生,也可使肌外膜、肌末膜和肌内膜增厚,肌肉变得结实,抗牵拉强度提高,从而增强肌肉抗断能力。

(4)研究发现,肌纤维中的毛细血管在篮球运动中开放的数量为安静时的 20~30 倍,这样可以增强肌肉中的血液循环,有利于肌肉进行长时间的紧张工作。

(5)经常参加篮球运动,不仅会使肌肉中的肌糖原含量增多,增加肌肉内的能源储备,而且会增加肌肉存氧的能力,减少乳酸的生成,延缓运动性疲劳的产生,进而增强肌肉有氧氧化的能力。

(6)篮球运动可以增强氧化酶的活性,从而引起肌纤维增粗;还可以提高神经系统的调控能力、促进能量的节省化等。经常参加篮球运动,还可以使肌肉中三磷酸腺苷(简称 ATP)的含量增加,提高机体的供能量,促进肌肉中 CK 酶的活性提高,耐乳酸的能力增强,从而提高有氧氧化能力,提高肌肉的耐力,延长肌肉工作的时间。

(三)篮球运动对身体成分的影响

身体成分包括肌肉、骨骼、脂肪和其他等。体内脂肪是个关键因素。脂肪过多者是不健康的,他们在活动时比其他人需要消耗更多的能量,心肺功能的负担也更重,因此心脏病和高血压发生的可能性更大。另外,肥胖也会使人的心理健康水平下降,寿命就会缩短。要维持适宜的体内脂肪,就必须注意能量吸收和能量消耗之间的平衡,篮球运动是控制脂肪增加的重要手段。有大量实验数据表明,有氧运动(篮球运动也是一项有氧运动)可以明显增加脂蛋白酶(LPL)的活性。脂蛋白酶活性的增强,可以促进运动中和运动后体内的脂肪分解,增加脂肪的利用率,促进肌肉发达有力,肌肉体积增大,体脂率下降,达到强身健体、保持健美体形的目的。此外,正常人骨骼肌重量约占体重的 40%,经常参加篮球运动的人可达到 45%~50%。高职男生通过长期的篮球运动训练,上臂皮脂、背部皮脂、腹部皮脂的厚度明显减少,胸围、腰围、大腿围和小腿围的指数都明显低于锻炼前,健身和健美效果明显。

二、篮球运动对身体机能的影响

篮球运动持续时间可长可短,使参与者需要快速奔跑、突然与连续起跳、敏捷地反应与激烈地对抗。篮球运动与其他项目相比,具有全面性、均衡性的特点。篮球运动对人的机体起着良好的综合性影响,有助于人体的心肺机能的健康发展。

(一)篮球运动对心脏泵血功能的影响

首先,运动员在进行篮球运动时,大脑皮质由于肌肉和关节的感觉神经传入冲动而处于强烈的兴奋状态,迷走神经张力减弱而交感神经张力增高,促进肾上腺髓质分泌肾上腺素和去甲肾上腺素增多,使运动员的心搏加快、加强,腹腔内脏血管收缩,肌肉血管舒张,通过血液重新分配,使血液循环量增加。此外,由于肌肉血管舒张,外周阻力下降而继发性引起呼吸运动加强,胸膜腔内压增高,这些因素都有利于静脉血液回流,自然也有利于每搏心输出量的增加。

其次,在进行篮球运动时,运动员需要开展肌肉活动,这就需要消耗大量的氧气和营养物质,同时会产生较多的二氧化碳等代谢产物。为此,必须加快血液循环,输送养料,带走代谢物,即加快新陈代谢。因此,经常参加篮球运动,会使心肌增厚,心腔容量扩大,包括左、右心室和左心房的增大,有利于每搏心输出量的增加。

再次,整个篮球比赛的过程(包括赛前的热身、赛中的暂停、犯规等停表时间)需要 70~90 分钟,整个篮球比赛是在紧张激烈的对抗条件下进行的。进攻队必须在 24 秒内完成一场进攻,这期间要做急停、摆脱、跳投、突破上篮、冲抢篮板球等动作;防守队要积极做滑步、移动、顶、抢篮板球等动作。这些突然性的动作所需要的能量主要来自于无氧代谢供能,以磷酸源系统(包括三磷酸腺苷,简称 ATP;磷酸肌酸,简称 CP)和糖酵解系统(又称乳酸能)为主。前者供能时间仅可持续几秒钟,后者供能时间也仅能持续十几秒,最多几十秒时间。而在篮球比赛中,一些连续的攻守转换,全场紧逼盯人等这类大强度的运动,往往会在 15 秒以上,这时人体所需的能量就主要靠乳酸供能系统来提供。但是就全场篮球运动而言,运动员平均要在篮球场上往返跑 180~200 次,大概 5 000~7 000 米,其间有快速奔跑,也有中速跑,甚至是慢跑,所有这些跑都是根据战术需要决定的。尽管其中需要一定的无氧代谢供能,主要是指篮球竞赛中的技术动作,但是在整个篮球比赛过程中有氧供能系统的供能仍占主导地位,约占供能总量的 70%~80%,其中以肌糖原有氧氧化为主。

现代篮球比赛的运动负荷为高密度、大强度,最大强度时的心率可超过 210 次/分钟。由于比赛中经常会出现违例、犯规、换人和球出界等情况,使比赛暂时中断,场上运动员可以利用这些时间获得短暂的休整,心率可逐渐下降到 25 次/10 秒左右,所以篮球比赛中大部分时间都是以有氧代谢供能为主,这可使场上运动员保持充沛的体力和旺盛的斗志。

(二)篮球运动对血液循环系统功能的影响

血管分为动脉血管、静脉血管和毛细血管,它是血液流通的管道,是营养运输的途径。血压是指血液对血管壁所引起的侧压力。经常参加篮球运动可以使动脉血管壁的中膜增厚,并使平滑肌和弹性纤维增多,使血管壁的弹性增加,减小血流的阻力,提高血流量,有利于血液循环。

同时,经常参加篮球运动,能使骨骼肌内的毛细血管分布的数量增加,这有利于提高器官的供血功能;还能使心脏周围毛细血管的数量增加,心室肌毛细血管密度增大,冠状动脉增粗,这会有利于心肌的血液供应和对氧的利用。

此外,篮球运动不仅使心脏功能增强,同时还能改善体内物质代谢等过程,减少脂类物质在血管内的沉积,增加纤维蛋白的溶解酶的活力,防止血栓形成,保持与增进血管的良好弹性。同时,篮球运动还可以改善微循环,调节体内环境的平衡与稳定。另外,在运动过程中,肌肉的收缩会产生一些化学物质,如三磷酸腺苷、组织胺等,这些物质进入血液内有扩张血管的作用,从而使血压降低。因此经常参加篮球运动可以预防高血压的发生,对心血管疾病起到积极的预防作用。

(三)篮球运动对呼吸系统功能的影响

首先,进行篮球运动时肌肉活动产生的二氧化碳刺激了人体的呼吸中枢,使呼吸频率加快,肺容量增大,呼吸肌和呼吸辅肌得到了锻炼,特别是膈肌的上下运动幅度增大。另外,在运动时,由于肌肉活动时需要更多的氧气,因而呼吸次数增加、深度加深,肺通气量大大增加。例如,安静时一般人每分钟呼吸 12～16 次,每次呼吸新鲜空气约 500 毫升,每分钟肺通气量约 6～8 升;而剧烈运动时呼吸次数可增加至每分钟 40～50 次,每次吸入空气达 2 500 毫升,每分钟肺通气量可高达 70～120 升。因而,在篮球中,呼吸器官可以得到很大程度的锻炼与增强。例如,一般人在安静时,由于需氧量不多,只需要大约 50% 的肺泡张开就可以满足人体氧的供给;而在篮球运动时,由于需氧量的增加,促使大部分肺泡充分地张开,这对肺泡弹性的改善起到了良好的作用。同时,运动时肺部的毛细血管的循环得到了改善,加强了肺部的营养,提高了肺的机能。

其次,在篮球运动中,人体大肌肉群参加长时间的激烈运动,心肺功能和肌肉利用氧的能力达到本人的极限水平时,单位时间所能摄取的氧量会显著增加。研究表明,经常参加篮球运动可以提高心脏的泵血功能,血液运输氧的能力和组织器官(主要是肌肉)利用氧的能力,还可以使肌肉中的毛细血管增加,线粒体数量增多和体积增大,促进静脉血液回流和有氧氧化酶的活性增加,并可提高肌红蛋白含量和最大吸氧量。

(四)篮球运动对神经系统功能的影响

神经系统是人体重要的机能调节系统,人体各器官、系统的活动,都是直接或间接地在神经系统的控制下进行的。通过神经系统的调节作用,人体对内外环境的变化可产生相适应的反应,人体内部与周围环境之间达到协调统一,从而使人体的生命活动得以正常进行。

神经系统的机能非常复杂,但其活动的基本方式则是反射。反射是指在中枢神经系统的参与下,机体对内外环境的变化所作出的反应。反射分非条件反射和条件反射。人体的各种机能调节,每一个反射活动都是连锁反射。当机体接受一个刺激而发生反射时,效应器上的特殊感受细胞或感受器,都能将效应器活动的信息——反馈信息,随时传回中枢;神经中枢根据反馈信息不断地纠正和调整所发出的传出冲动,使效应器的活动更加准确、协调。篮球运动能改善神经系统的调节功能,提高神经系统对人体活动时错综复杂的变化的判断能力,并及时作出协调、准确、迅速的反应。

此外,篮球运动对神经系统的良好影响,主要在于它是一种积极的休息。当经过较长时间的脑力劳动,感到疲劳时,参加短时间体育运动,可以转移大脑皮层的兴奋中心,使原来高度兴奋的神经细胞得到良好的休息,同时又补充了氧气和营养物质,而脑组织所需氧气和营养物质的供给又完全依赖于血液循环、呼吸和消化系统,体育锻炼在很大程度上改善了这些系统的功能,提高了它们的工作效率,从而促进了脑血液循环,改善了脑组织的氧气和营养物质供应,使脑组织的工作效率有了显著提高。

第二节　篮球运动对身体素质的影响

篮球运动是一项包括跑、跳、投掷和技、战术等动作的综合性体育运动项目,这一运动会对人体的身体素质产生重要影响。

一、篮球运动对力量和弹跳力素质的影响

力量素质是篮球运动员的首要素质。首先是因为篮球运动的各项技术动作都是建立在一定的力量素质条件下进行的;其次,篮球运动是一项紧张激烈、直接对抗的体育运动,在身体接触和碰撞过程中,力量素质经常起到关键作用。所以力量训练是篮球运动员身体训练的重要组成部分,是提高竞技水平的基础。

在篮球比赛中,运动员为了更好地完成各项任务,弹跳力成为不可缺少的一种素质。弹跳力素质是由力量素质和速度素质相结合派生出的一种综合性身体素质。它是篮球运动员重要的专项素质,它对争夺篮球场上的制空权,掌握篮球比赛的主动权,激发拼搏精神和鼓舞士气具有重要作用。一场普通的篮球比赛,以双方投篮命中率为 40% 计算,双方将会出现近 100 次争夺篮板球的机会。争抢前后场篮板球,不仅可以增加进攻机会,减少对方的进攻次数,而且可以提高士气,振奋精神。篮球运动员为了适应比赛的需要,必须不断提高弹跳力素质。

此外,篮球运动员在训练和比赛中经常要进行跑、跳、投、抢等进攻和防守动作,为了使自己跑得快、跳得高,运动员需要充分利用大肌群的力量。通过腿、臂、肩、背、腰,以及整个躯干各肌群有机地协调配合,才会产生最佳的运动效果。因此,经常参加篮球运动可以提高力量素质。

二、篮球运动对身体柔韧性的影响

柔韧性是指运动员能大幅度地完成比赛动作的能力。它取决于关节的骨结构、关节周围组织的体积,跨过关节的韧带、肌腱、肌肉和皮肤的伸展性及弹性。

篮球运动中的跑、跳、投、传每一个动作,都需要全身的参与。运动员在场上的位置不同,对全身各关节柔韧性的要求也不相

同。所以经常参加篮球运动可以有效改善身体的柔韧性。

发展篮球运动员的柔韧素质,不仅能拉长韧带、加强韧带弹性和加强各个关节的活动范围,对篮球技术的掌握和发挥产生着积极的促进作用,同时加强柔韧素质训练还能使运动员的柔韧性变好,可以避免和减少运动损伤,从而能延长篮球运动员参加运动的年限。

此外,柔韧素质的好与坏对提高其他素质也有着密切关系,在篮球教学与训练中必须对柔韧素质训练给予足够的重视。柔韧素质训练并不复杂,也不困难,在每天的早操和训练的准备活动中,组织一些针对性的专门训练和经常性的训练就能收到良好的效果。

三、篮球运动对耐力素质的影响

篮球比赛是一项长时间高、中、低强度,重复交替进行的非周期性运动项目,其运动形式和能量供应特点与周期性运动项目有很大的差别。运动员需要具备长时间反复进行短距离和高强度的运动能力。长时间是指比赛的总时间长,一般是每天一场比赛,连续数日;短距离和高强度的运动是指各种急起、急停、滑步与跳跃等脚步动作,这些动作往往距离短,但都属于爆发式的极限强度运动;反复是指上述极限强度运动在一场比赛中需要重复100多次。所以经常参加篮球运动能提高速度耐力素质。

此外,经常参加篮球运动能使机体有氧氧化能力明显提高,血乳酸清除能力加快,机体对血乳酸的耐受力得到提高。研究发现,篮球比赛中运动员有氧供能平均占70%～80%,无氧供能平均占20%～30%。一场篮球比赛,运动员跑动的距离在5 000～7 000米,比赛时间长,高、中、低强度反复交替进行。因此篮球运动员的供能方式是有氧代谢为主、无氧代谢为辅。这就要求篮球运动员具备良好的耐力素质,以及耐乳酸的能力。同时,现代医学也证明,长期参加篮球运动训练可以促使人体心血管系统的形态、机能和调节能力产生良好的适应,呼吸系统的功能得到明显改善,从而提高人体的工作能力。

四、篮球运动对灵敏素质的影响

灵敏素质是指人体在各种复杂、突变的情况下,快速、准确、协调和灵活地完成动作的能力。灵敏素质是运动技能和各种身体素质在运动中的综合表现,是一种综合性身体素质。它有助于掌握和运用各种复杂的技术和战术,提高应变能力,是篮球运动进入较高水平时必须具备的一项身体素质。

篮球运动是在极其快速和复杂多变的情况下进行的,它要求运动员具有反应速度快,应变能力强和动作灵敏多变的能力。这就要求在结合技术训练或其他专门训练中,运用各种信号、手段、设置和情况,提高运动员神经系统迅速集中和扩散的能力。通过灵敏素质的训练,使大脑皮质的灵活性及神经过程的转换能力都得到进一步的提高。因此,在训练中应该建立多种多样的运动技能的动力定型,这样才能使运动员随机应变,根据不同的条件迅速做出不同的反应。青少年时期,是提高灵敏素质的最好时期,要注意加强灵敏素质训练。随着年龄的增长,提高灵敏素质的效果就比较困难了。

从事多种多样化的运动能使灵敏素质得到良好的发展,并能使运动员的动作协调熟练。因为灵敏素质是一项综合素质,是在发展力量、速度、柔韧和耐力等素质的基础上发展的,所以对运动员要注意加强全面身体素质的训练。

五、篮球运动对速度和爆发力素质的影响

篮球场上所需要的是能在短距离内迅速发挥出最大速度的能力、刹那间完成动作的能力,移动的特点是根据场上情况的变化,控制重心及时变化,这实际上就是对运动员速度素质的要求。

在篮球场上,运动员要在看到场上的各种变化时,迅速做出准确的判断,并做出相应的技术动作,这就是良好的反应速度。经常参加篮球运动可以提高感受器的敏感程度,缩短各种信号传导的时间,提高中枢神经系统的兴奋性,使反应时间缩短。

与此同时,篮球运动员的攻防转换、运球上篮的速度、长传快攻的跑动速度等,都可使运动员神经兴奋与抑制过程的灵活性提高、转换能力增强、双脚移动频率增快,进而增强他们的位移速度。当兴奋强度大、传递速度快、协调性能好时,动作速度也必然快。

第三节　篮球运动对心理健康的影响

当今社会竞争越来越激烈,人们面临的心理压力呈现出复杂化和多样化趋势。未来世界的竞争主要是人才的竞争,新时代的高职生不仅要有良好的体质、扎实的专业素质,还要注重培养良好的心理素质与个性心理,以适应社会快速发展的需要。篮球运动可以在这方面发挥较为突出的作用。

一、篮球运动对个体情绪体验的影响

(一)篮球运动有助于发展个体积极的情绪

篮球比赛过程中,运动员不论是进攻或防守,他们都是通过自己的身体素质、运用技战术和心理素质与对手较量。在篮球运动的对抗中,运动员通过娴熟的运球、果断的突破、巧妙的传球、准确的投篮,或突然的抢断、默契的夹击、严密的封盖,在篮球规则允许的范围内攻击对手,或摆脱对手,直至战胜对手,取得胜利。这种成功可以是全队取得比赛的最后胜利,也可以是全队打出了风格、打出了水平,还可以是个体本身的自我超越,它们都能够使运动者充分体验到"尖峰时刻"带来的成功和喜悦,还有自信和成就感。这种成功的体验往往使人终生难忘,它不仅可以丰富人们的生活内容,提高生活质量,而且能够影响青年人的学习和工作态度。

同时,篮球运动是一项高强度、高密度的对抗性体验运动,运动员在跑、跳、投、抢过程中不仅会消耗大量的能量,而且在激烈的运动中能体验到身体运动时的快感。我们经常会看到很多青少年篮球运动爱好者,他们自发地聚集在篮球场上,久久不愿离开,最后尽管每个人都拼得筋疲力尽,大汗淋漓,但都会感到兴奋和愉快。这种兴奋和愉快就是通过身体剧烈运动,特别是经历激烈的身体接触与碰撞的刺激,通过合法的途径,尽情地释放出人类攻击性的本能。在这个过程中所激发出的极度兴奋性,使运动员或参与者会忘记疲劳,忘记伤痛,忘记一切烦心事,完全陶醉在兴奋和快乐之中。只有经历过这种运动体验的人,才能真正享受到身体对抗运动时带来的情绪体验。

此外,篮球运动还是一项集体运动,参与者之间不仅仅是简单的接触与交往,还能够增强人与人之间接触和交往的机会。例如,队友们在对待传球的时机和方式、投篮的位置和机会、掩护配合的时机和卡位、夹击的位置和默契等问题时,参与者之间必须进行交流。这种交流是篮球运动中所特有的交流形式,它会逐步转化成队友之间的人际交流和社会交流。这种交流可以不受运动者身份(职业、职务、信仰、民族和年龄等)的影响,交流形式非常自然。通过队友之间的自然交流,有利于相互之间的进一步沟通,协调人际关系,联络感情,愉悦身心,增强群体的认同感。因此,篮球运动有助于体验人际交流的愉悦感。

(二)篮球运动有助于个体进行自我情绪调节

生活在现实中的人,总是无时无刻不受到自然、社会和个人素质等条件的限制,使人们心中的奋斗目标难以实现,常常会产生紧张、压抑、忧虑等不良情绪反应。篮球运动可以使其从烦忧和痛苦中摆脱出来,使处理应激情绪的能力增强。实践证明,长期参加有氧身体锻炼者,紧张、抑郁、焦虑和心理疾病等不良的心理变量水平有效降低,而心情愉快等积极因素的心理变量水平明显提高。

　　这里以焦虑为例进行说明。焦虑是一种情绪状态,过度焦虑不利于人体健康。开展篮球运动能使脑垂体分泌释放出一种强大的吗啡类激素——内吗啡,内吗啡是最好的生理镇静剂,进而使运动者保持饱满的精神状态和生活信心。这一原理产生的基础在于人体中枢神经系统中存在一种"优势兴奋灶"的现象,即某一中枢受到较强的刺激时,就会在相应区域形成一个兴奋灶。当这个兴奋中心的兴奋水平强于周围的兴奋点时,它不但可以"吸引"周围中枢扩散而来的兴奋点,提高其兴奋中心的兴奋水平,而且还能对邻近的中枢产生抑制作用。例如,我们在全神贯注思考某一问题时,会出现"视而不见,听而未闻"的现象。这说明某一中枢高度地兴奋,形成了强烈的"优势兴奋灶",它抑制了相应的视、听中枢。目前许多高职生常会因为相互间的竞争、情感方面的失控、学习或家庭方面的巨大心理压力等因素,产生持续的焦虑。当其他心理辅导措施都难以奏效时,体育锻炼可以有效减轻焦虑症状。因为身体运动会在运动中枢形成强烈的"优势兴奋灶",它的兴奋水平要明显高于其他任何兴奋中心。所以这个"优势兴奋灶"会对其他中枢产生抑制,降低其他兴奋灶的兴奋水平(这是一种保护性抑制),这就是体育运动可以消除心理疲劳和不良情绪状态的生理机制。通过参加篮球运动,不仅有助于宣泄运动者消极的心理能量,形成"优势兴奋灶",而且通过篮球运动所特有的交流形式,经过自然的沟通,可以增进理解,疏导不良的情绪状态,缓解焦虑和抑郁症状。

二、篮球运动对个体团队精神的影响

　　篮球运动充满着竞争与合作,篮球运动的竞争是团体之间的竞争,团体的凝聚力亦称内聚力,它是群体成员留在群体内的全部力量的总和,表现为团体成员对团体的向心力。竞争是运动集体发展的必要机制和促进力量,也是竞技运动赋予运动队的性质。当合理的竞争发展为集体成员的冲突时,就会产生有害的后果。这要求参与者抛弃狭隘的内耗意识,把眼光投向更大的环境,并懂得合作与竞争是使运动队发展强大的条件。

作为一个现代人,只学会竞争是不够的,还必须学会合作。篮球运动是集体运动项目,它具有明显的团队合作的特点。篮球的传切、掩护、突围和策应战术,是两三人在局部上的协同配合,具有良好的攻击效果。而综合多变的防守战术体系,更是靠全队的密切合作、协同行动才能完成的。群体内的合作,依靠个体之间的统一的目标、统一的思想和认识,以及相互沟通理解的战术形式形成一个有机的整体,展开与对手的竞争对抗。这就要求在运动中要学会竞争与合作,要发扬团队协作精神,才能取得最后胜利,使参与者在全队训练与比赛过程中必须要进行各种形式的沟通(包括语言、手势和表情等)。这就为高职生参加篮球运动,提供了队友之间自然接触、自然交流的机会。通过进一步沟通,可以增进理解,产生相互信任、相互鼓励,调节情绪,振奋精神,增加愉悦,并把自己的思想、激情都投入到比赛的氛围之中,投入到自己认同的球队之中,视自己为该群体的一员,同呼吸、共命运、荣辱与共,形成一个具有较强合作精神的团体,因此篮球运动也有助于运动员团队精神的增强。

三、篮球运动对个体人格精神的影响

(一)篮球运动有助于个体性格的发展

篮球运动对人的个性的形成和发展有着直接和间接的影响。虽然各个不同竞赛位置的活动、紧张程度的要求不同,有的是在短时间内的爆发力量,有的是长时间的耐久力量,还有的是要求高度的灵敏、协调,但都需要消耗大量的神经肌肉能量,要求运动员不断提高生理上和心理上的紧张适应能力。因此,如果仅仅认为运动员具有较强的、平衡的、灵活的神经过程,就可以在篮球运动中获得好成绩,那就错了。因为人的神经类型的特性可以互相补偿,并可使气质适应于篮球运动活动的要求,这就要求运动员具有情感的高度稳定性,性格的坚强性和自信心,行为的勇敢和主动精神。

具体来看,在篮球运动中,一方面要求运动员具有反应迅速、情绪稳定以及动作的稳定性和可塑性,另一方面也要求运动员具有较强的适应能力,在长时间的锻炼和训练影响下,运动员的性格便会发生一定的变化。实践表明,经常参加篮球运动,能改变人的内向性格,革除沉静孤独的活动特点,特别在意志性格特征上,培养人的意志力,使队员具有勇敢、自制、果断、顽强性和纪律性等性格特征。

(二)篮球运动有助于提高抗挫折的能力

一般来说,篮球比赛每次进攻的成功率在30%～40%,也就是说,由于失误和投篮不中等原因,有60%～70%的可能是进攻失败。防守也是一样,总是面对着成功与失败,往往又是失败多于成功。篮球运动员在训练和比赛的过程中,就是这样经历着"进攻—失败—再进攻—再失败—积极拼抢—再进攻",这样一次又一次的失败,每天面对着来自体能、技战术和心理等方面的挫折,而这种挫折和失败往往都是暴露在大庭广众之下,表现在各类观众面前的,其心理压力可想而知。正是在这反反复复挫折与失败的情景教育中,不断磨炼自己,屡败屡战,总结经验,不断进取。通过一次又一次的小挫折到中挫折,再到大挫折,不断提高自己抵抗失败打击的心理承受能力。在我们大中小学的10多年正规教育过程中,没有哪一门课程是专门有意识地针对学生进行抗挫折的情景教育,以致我们的独生子女们在遇到挫折时,往往会被困难所击垮。但是通过篮球运动可以锻炼人们胜不骄、败不馁,勇猛顽强,坚忍不拔,吃苦耐劳的意志品质;可以培养青年人的主动性、果断性、控制力、坚持力和创造力,这都是现代人人格精神的内涵,是激烈的社会竞争中必须具备的基本素质。

四、篮球运动对个体自信心的影响

在运动心理学领域,心理学家通过实验证明:优秀运动员往往具有适宜的自信水平,他们是根据自己的能力来设置目标,从而获得优异的成绩。依据此类研究,运动心理学家们绘制了自信心与操作成绩之间的关系图。该图中,随着运动员自信心程度的提高,运动成绩也随之提高,当自信心达到适宜程度时,运动成绩最好,而当自信心程度继续上升并超过适宜程度时,运动成绩开始下降。

在篮球运动中,运动员自信心的发展也是如此。当他们通过努力克服困难,完成一个动作或一项活动后,会体验到一种成功感。运动过程中,运动员可以尽量展现自己的技术技能水平,证明自己的能力,不断认可自己。这种认可感和成功感有助于克服自卑,增强自信心。一个人的自信心是在克服困难、体验成功中产生的。篮球运动是培养和发展自信的重要手段,在锻炼中不断克服困难,挑战自我,增强自信,展现自我。此外,自我效能理论还提出了发展自信的四个关键因素,即成功的亲身体验、可借鉴他人的成功经验作为参照、言语上的鼓励和适宜的情绪唤醒水平等。这对于在篮球教学、训练中提高学生或运动员的自信心具有启发作用。

第四节　篮球运动对社会适应能力的影响

我们知道,要很好地适应社会环境,一方面是改造环境,使环境合乎人们的要求;另一方面是改造我们自己,去适应环境的需要。实际上就是要对社会环境中的一切刺激能做出恰当正常的反应。若想很好地适应社会,仅有健康的体魄,过硬的心理是不够的。社会在思想状态、道德风尚、意志品质等方面都对人提出了较高的要求。体育锻炼以其特有的优势,使人的个性得以形成和完善,成为提高人们社会适应能力最为重要而且高效的手段。篮球运动在培养高职生社会适应能力方面能发挥它特有的功能。

一、篮球运动对社会规范行为的影响

篮球运动是一种特殊的社会文化活动。在这一领域中确立了明确而细致的各种行为规范,如运动守则、比赛规则、竞赛规程等,并通过裁判、仲裁、公众舆论、大众传播媒介等实施和监督。运动员在参与和学习篮球运动时,便可以通过实践亲身体验到这些规范,进而有助于他们对其他社会规范的理解和学习。

篮球运动是一项讲求规则的运动,所有参与篮球运动的运动员都需要在篮球规则和体育职业道德的基础上开展竞赛,这有助于规范运动员的行为。

首先,篮球运动有其明确而详细的行为规范,大到奥林匹克精神和原则、体育道德规范,具体到竞赛规则和规程等,所有这些规范是体育运动能够开展的必要条件,这就要求运动员必须养成遵守规则的行为习惯。篮球赛场上不时响起裁判员的"带球走""3 秒违例""推人犯规"等哨音,就是在不断地规范运动员在球场上的行为,不断地提醒全体运动员什么动作能做,什么动作不能做,做了哪些违反规则的行为就会得到什么样的处罚。篮球运动员在长期"不断提醒与规范行为"的环境中,会逐渐理解与遵守篮球规则。如果运动员认真遵守了篮球规则,并且打出了风格,赛出了水平,就会得到观众的掌声和对手的尊重。久而久之,这种规范行为的意识有利于转移到青年人的学习、工作和生活中去。

此外,在篮球比赛中,由于该运动具有较强的对抗性,难免会发生身体碰撞。每个运动员都应以力争获得球或抢占有利位置为目的,鼓励合理的身体对抗,但绝不能为了达到目的而去伤人,或为达目的而采取投机取巧的手段,这不仅违反了篮球规则,更违反了体育道德精神。

其次,篮球运动之所以存在多年并迅速发展,其哲学意义在于对人的肯定,它是追求人的价值和人的权利的过程。它承认人体存在的合理性,鼓励人们按照篮球运动的规则合理竞赛。同时,篮球运动在其发展的一百多年中,不断修改规则,这些修改的规则始终围绕着三大主题,即加快比赛节律(提高比赛的观赏性)、限制高大队员行为(提倡篮球运动的公平性)和限制粗野动作(提倡比赛健康文明)。从这一方面来说,篮球运动也具有更深的文化约束力,即保证双方在公平合理的条件下展开攻防对抗,保护健康文明和积极合理的行为,限制粗野动作和不礼貌、不道德的行为。这有助于篮球运动员将文明竞赛、公平竞争等行为和理念迁移到日常的工作、学习和生活中,有利于规范个体的社会行为。

二、篮球运动对理解社会分工的影响

人既是有着器官组织的生物人,也是有着丰富情感和独特个性的心理人,而从本质上看,人又是一个社会人,扮演着各种各样的社会角色。

在篮球运动中,每位参与者都负担着不同的角色。如中锋、前锋和后卫等,每个角色都有各自的分工、各自的位置和各自的任务。在很多情况下,篮球战术需要调整,场上运动员的位置也就需要进行调整,相应的任务就会出现变化,角色的功能也随之发生变化。例如,场上队员与场下替补队员之间的调整,前锋与后卫之间的调整,左前锋与右前锋之间的调整等。通过在篮球比赛中担任不同的角色,以及经常出现的角色转移,可以使参与者理解篮球场上角色定位和角色转换的心理体验。同样,社会角色的定位与角色的转换也是根据社会的需要确定的,它是与人们的某种社会地位和身份相适应的。在很多情况下,角色如果发生了变化,人的心态也要随之进行调整。经常参加篮球竞赛活动,将有助于理解角色的含义,尽快地适应周围环境,并能通过自身的努力,适应不同的社会角色。

三、篮球运动对运动员人际关系的影响

人际交往是人与人之间最基本的交往,是个人社会化的必经之路。在成长过程中,无论是成功还是失败,无论是幸福还是痛苦,都与人际交往分不开。没有交往和关系,就没有人生,就没有一切。交往以及由此建立的人际关系是生活的基础。心理学家的研究和社会实践表明,对于任何一个人来说,正常的人际交往和良好的人际关系是其心理获得发展、个性保持健康、生活具有幸福感的重要前提。对高职生这一年龄段来说,交往的意义更为突出。

篮球运动中的参与能满足运动员"需要—动机—行为"这个心理过程,提供和增加人与人接触和交往的环境和机会。通过参与体育活动,可以忘却烦恼和痛苦,消除孤独感,并逐渐形成与人交往的意识和习惯。有研究表明,外向性格者比内向性格者的社会交往需要更强烈。这种社交需要通过篮球这类集体性的运动可得到满足。性格内向者更应该参与篮球运动,使个性逐步得到改善。具体来看,篮球运动对运动员人际关系的影响主要表现在以下几方面。

(一)篮球运动有助于提高运动员与人沟通的能力

篮球运动为相互沟通提供了机会,为培养良好的人际关系创造了条件。篮球比赛中个人目标的实现在很大程度上取决于集体目标的实现,而集体目标的实现又是该球队全体成员共同努力的结果。实现整个团队的集体目标,需要具备良好的组织能力,统一思想,统一行动;同时篮球比赛也为培养良好的组织能力创

造了条件。

目前,篮球运动不仅在国内成为名副其实的"第一运动",而且在全球也成为首屈一指的体育运动。篮球运动还成为人与人、团体与团体、国家与国家之间相互交流的工具,成为建立理解、信任、团结与友谊的桥梁。不同的国家、地区、民族,不同的语言和肤色,人们都可以通过篮球"语言"进行交流与沟通,增进相互间的交往。凡是亲身参与篮球运动或观看篮球比赛的人,都会在共同的参与中得到满足和愉悦,这有利于产生共同语言,并建立良好的社会关系。

(二)篮球运动有助于增强对身体语言的理解和使用能力

篮球运动是社交过程中一项非常重要的能力。我们可以从不同的身体姿势所代表的含义中去理解对方的寓意,也可以通过身体语言向对方表达自己内心真实的感情。缺少了身体语言的沟通能力,我们不仅可能对对方的身体语言表达置若罔闻,不能进行准确的解释,使信息发出者得不到应有的反馈,失去一次又一次的联系,而且,也有可能让别人从你身上找不到代表任何情景的身影,使人感觉到你是一个感情淡漠、不易接近的人。篮球运动作为社会文化的组成部分,在长时间的创造和实践中,不断地丰富着它艺术表现的内涵。

(三)篮球运动有助于改善自我意识水平、移情能力和社交能力

自我意识水平在制约人际关系中的作用是具有针对性的,尤其现代社会中人与人之间往往表现得非常含蓄。例如,明明我们能力平平,某人却说我们能力超群,实际上这个人并不接受我们,只是为了表明与我们有很密切的关系。特别一个人的社会地位越来越高时,更有可能得不到有关自我的真正反馈,从而使其更脱离真实世界,并导致其自我意识水平越来越低,移情能力越来越落后,社交技能越来越低,最终成为只会自以为是、天下唯我独尊,只会板脸训人、抓起笔杆画圈的庸人。而在篮球运动中,就会

有效地改变这种状况。因为篮球运动的任何成果都是靠参与者自身实力，通过自己判断、自我调节来实现的，来不得半点虚假和造作，自以为是是永远不可取的。

通过篮球运动所形成的自我意识行为，在不断运动实践中将变成一个人的自觉行动，将这种能力运用到社会交往中，就可以了解自己的真实面目和别人对自己言行的真实情况的反映，从而提高自身的社交技能。

四、篮球运动对社会价值观念的影响

价值是指人的需要与各种事物之间的需求和满足需求的关系。价值观念是指客体对主体的一种满足程度，是人们对客观事物有无价值或价值大小的一种根本观点和评价标准。在现实生活中，同样的事物对有的人有价值，对有的人则没有价值。人们在认识事物及其属性的基础上，从自身需要出发，确定各种事物的价值大小，从而确定人们活动的价值取向。

（一）篮球运动有助于培养合作意识与竞争能力

未来的社会将是一个高度自动化、高效率、直接劳动人数少、工作分散化和家庭化、劳动强度不断降低、休闲娱乐时间不断增多的社会。生产方式的突变，体力劳务处理的环节减少，人类的体力不再是生产力的重要衍生因素，必将导致体育需求方式的彻底变革。

篮球将和人的健康幸福生活更加紧密地联系起来，它不仅是一种强身健体的锻炼方式，也是一种通过扩大消费需求来促进经济增长的生产方式，甚至还可以是一种给人民极大快乐和精神享受的准艺术形式。在这项运动中，始终贯穿着竞争和向上的精神，这种意识都是现代人的一种特殊重要的素质。在发达国家十分重视个人的体育经历。美国许多成名的大企业家均或多或少有体育经历。许多公司招聘人才时，在条件基本相同的应聘对象中,优先录取有体育经历者。日本著名企业家松下幸之助也曾表示,他成功的秘密是善于用人。他把人分为3种类型:文人型,善于思考;武士型,敢打敢冲,有开拓能力;运动员型,有竞争精神。在每个人身上不可能同时具备这3种类型,因此必须把这3种类型的人结合在一起,尤其需要运动员型的人才,能够形成一股很强的竞争力量。在篮球竞赛中,运动员只有不断拼搏才能获取更好的成绩,因此也不存在不劳而获的现象,不允许有心身以外的任何不平等性。所以,篮球运动可以使参与者在比赛中建立竞争意识,锻炼人们享受公平与成功或承受奋斗与挫折的能力。

与此同时,篮球竞赛也是一种团队型竞赛,任何团队的组成,都有共同的心理倾向和奋斗目标及一致的行为方式。篮球运动是展示人的身体运动能力、追求操纵躯体达到极限水平的最重要的方式。它显示了灵与肉的永恒冲突,凝聚了人类的竞争、创新、奋发、向上的卓越品质。这种品质会产生不同的社会效应,大到国家,可以通过顽强拼搏的竞争精神、团结协作的团队精神振兴一个民族的团结,提高整个民族为国家的荣誉而奋斗。小到学校、系、班集体,通过竞赛可以形成很好的内聚力。内聚力是团结协作的吸引力和对集体的向心力相结合而形成的凝聚力。内聚力越强,就越能提高对集体利益的自觉性,从而促进集体的巩固和发展,保证步调一致。可以说,篮球运动也是一种团队合作的运动,比赛的每一次进攻,几乎都要通过传切、掩护、突分和策应配合,以实现最后的投篮目的。这些两三人的战术基础配合形式就是合作。防守战术体系也是一样,从个体上看,防守是一对一进行对抗;但从整体战术上看,每一个防守点都是全队战术的重要支撑,都需要各个点的密切合作、协同配合,形成一个有机的整体,才可能实现预期的目标。篮球运动的集体性规律,充分体现在协同配合和团队作风上。个体只有很好地融入集体,整体才能发挥出最大的力量,并为个体更好地发挥打下坚实的基础。这种竞争意识和竞争能力会潜移默化地影响人的心理与行为,这为日后高职生走入社会、融入社会打下良好的基础。

（二）篮球运动有助于培养创新意识与领导能力

随着篮球运动项目的发展,及其在全社会范围内的迅速普及,篮球运动的技术也在不断提高和发展。从竞赛的运动结构上来看,虽然篮球技术中有许多动作是相对固定的,但在实际运用中,由于对手不同,对手做出的反应是不一样的,运动员也需要根据比赛中的不同情况随机应变,在比赛中创造出新的、巧妙的动作以及动作配合。因此,篮球运动既是一个高度协同的全面抗衡,又是一场个人的斗智斗勇。它有利于培养人的良好思维能力、应变能力、创新意识和开拓精神。这种优秀品质不仅表现在运动场上,而且也会迁移到日常的工作、学习和生活中,有利于培养高职生敢于尝试、不断创新的精神。

作为一项团体协作型运动,篮球项目离不开团体的密切合作,运动员、教练员、领队、随队医生和工作人员等必须万众一心,组织及时,配合默契。长期参加篮球运动训练,有利于培养青年人的创新意识和开拓精神,有利于培养篮球运动参与者的合作意识和竞争能力,有利于培养高职生的沟通意识和组织能力。这些良好的品质可以影响青年人的价值观念,可以提高高职生的管理能力,也可以培养个人的领导能力。研究结果显示,在我国体育专业高职生中,担任学生会干部人数比例最多的是来自篮球运动专业;在大学体育部(室)和体育学院等部门的管理者中,从事篮球运动专项的人数最多。这不是偶然现象,它与篮球运动的特点有密切的联系。

五、篮球运动对现代生活方式的影响

生活方式受一定社会生活条件的制约,从而使生活方式留下时代的印记。现代科学技术在为人类提供现代化的工作和生活条件的同时,也给人们带来了更多的心理刺激。一个人如果不能适应快节奏的现代社会生活,就会在生理上或心理上出现障碍,最后将导致"现代文明病"的发生与体质的下降。

（一）篮球运动对高职生生活节奏的影响

随着社会经济的快速发展，人们的生活节奏不断加快，生存竞争日益激烈，这些都给现代人带来了很大的精神压力，导致不少现代人身心疲倦。其中，高职生作为社会上一个特殊的青年群体，学习压力大、活动内容多、时间安排紧、生活节奏快就成为必然。如何适应快节奏的校园生活，篮球运动无疑是解决上述问题最积极有效的方式之一。篮球运动的快节奏有利于提高高职生适应环境的能力；篮球运动爱好者充沛的体力和精力，是适应快节奏环境的物质基础；篮球运动的趣味性有利于释放人们的身心压力。因此，越来越多的高职生已积极投身于篮球运动，他们不愿意再做体育看台上的热心看客，不再满足于为别人的运动表现去鼓掌叫好，他们更愿意去亲身体验"生命在于运动"的真谛，去品尝身体运动带来的无限乐趣。

（二）篮球运动对高职生生活习惯的影响

高职教育不仅要培养专业的技能型人才，同时也要培养高职生养成良好的生活习惯。良好的生活习惯不仅能促进个人的身心健康，而且对人的未来发展有着直接的影响。高职生精力旺盛，又处于长身体和长知识的重要阶段，良好的生活习惯是确保顺利度过大学阶段的重要基础。为此，各高校都非常重视培养高职生良好的生活习惯，并把它作为推进素质教育的重要内容之一。尽管如此，很多高职生的生活习惯还是令人担忧的。据有关调查结果显示，目前高职生的生活习惯还存在作息时间无规律（玩电脑和卧谈会到深夜）、日常饮食欠科学（睡得晚、起得晚、来不及吃早饭、厌食偏食等）、娱乐休闲无节制和自我保健意识差等陋习。

经常参加篮球运动的高职生，白天在运动中消耗了大量的能量，到了晚上睡觉时都会自觉休息，尽快恢复自己的体力，并且注意保证必要的饮食,补充人体必需的能量。篮球运动是一项集体运动,它对团队内每个成员在训练方面是有一定要求的。这些基本要求都有利于规范高职生的作息时间,保证必要的营养等。高职生生活的规律性,是保障良好身体素质的前提。因此,经常参加篮球运动有利于培养高职生良好的生活习惯。

第四章　高职篮球运动教学与组织实施

　　篮球教学课的组织与实施是高职篮球开展的主要途径和方式,教学课的组织与实施是否科学合理对学生篮球知识与技能的掌握具有重要的影响作用,因此应该受到体育教师和篮球教学工作者的关注和重视。本章将对篮球运动负荷及其合理安排、高职篮球运动教学课的组织和实施、高职篮球运动教学课的实践指导进行研究。

第一节　篮球运动负荷及其合理安排

一、篮球运动负荷的基本要素

　　篮球运动负荷的基本要素包括运动负荷强度、负荷时间及负荷积分,三者既紧密联系,又相互区别。

　　负荷强度指在运动负荷刺激作用下所引起的整体生理机能反应程度或幅度。一般而言,负荷强度与运动强度呈平行关系,运动强度越大,产生的生理负荷强度就越大;反之亦然。

　　负荷时间指机体在整个运动过程中,持续负载运动负荷的时间。由于运动前状态等因素,增加了负荷时间,加之运动停止后的生理机能恢复时间,实际上的负荷时间往往比运动时间长,但通常特指运动阶段的负荷时间。

　　负荷积分是指运动过程中生理负荷强度随负荷时间变化的函数关系,其本质是负荷强度与负荷时间的积分。它是既反映运动负荷量,也反映人体运动生理负荷机能潜力的一项综合指标。

二、合理安排运动负荷

(一)合理安排负荷的基本要求

根据适宜负荷下的机体生物适应现象和过度负荷下机体的劣变现象,教学与训练课的负荷安排应该坚持适宜负荷原则。具体的要求有以下几个。

第一,有利于达到高水平的专项竞技能力。

第二,运动员有机体训练负荷的可接受性。

第三,能够促使运动员各种能力产生定向性变化。

第四,训练负荷的量与强度要有适宜的比例。

第五,负荷安排的节奏要保证课与课之间衔接,能产生后续效应。

(二)科学安排训练课与体育课的运动负荷

1.训练课的负荷

合理安排训练课的运动负荷,对训练课的效果具有重要作用。在制定每一次训练课计划时,要达到以下两个方面的要求:一方面,训练内容要有足够的难度与要求,使之能成为促进运动员运动机体能力提高的有效的刺激因素;另一方面,要使训练计划与运动员的训练水平和机能状态相适应。

除此之外,还必须注意两点:第一,必须保障在疲劳逐渐发展条件下的训练达到一定的训练量,只有这样才能在达到极限负荷量的同时达到需要的应激性和较高的训练效应;第二,在出现明显疲劳状态下,训练活动的持续时间不应太长,以免对运动员的技术训练水平和心理状态产生不良影响。

2.体育课的负荷

国内外有关研究成果揭示:一般人的健身效果最佳强度保持在 120～140 次/分的心率之间,而保持这一强度的时间,应占每次锻炼总时间的 2/3 左右;心率在 110 次/分以下时,机体的血压、血液成分、尿蛋白和心电图等都没有明显的变化,健身的价值不大;心率在 130 次/分的运动负荷时,心脏的每搏输出量接近和达到一般人的最佳状态,健身效果明显;心率在 150 次/分的运动负荷时,心脏的每搏输出量开始出现缓慢下降;心率增加到 160～170 次/分,虽无不良的异常反映,但亦未能表现更好的健身迹象。因此,通常把心率在 110～150 次/分的区间,确定为运动负荷有效价值域;把心率在 120～140 次/分的区间,确定为运动负荷最佳价值域。

各类学校篮球课的运动密度和强度趋势应该是中等强度加高密度,如果要使学生在愉快的氛围中得到充分的锻炼,促进身心的全面健康发展,密度能够达到 50%～70%,这就要求教师精心备好课,讲解要精练、生动、简明扼要;示范要恰当、准确,切勿把篮球课变成一堂教师讲解课或示范课,应该让学生有更多的时间去锻炼。

第二节　高职篮球运动教学课的组织与实施

一、篮球运动教学课的组织

(一)篮球课组织的要求

1.加强学生的理论知识学习

(1)加强学生的思想政治教育

在明确教学和训练的目的任务前,重视加强学生的思想政治教育,使他们的学习和训练积极性被充分调动起来,增强他们的荣誉感和责任感。

（2）重视学生良好品德的培养

教师在教学过程中全面贯彻党的教育方针,培养运动员高尚的道德和意志品质。这也是一名合格的运动员最起码的素质。

2.加强学生的实践练习

（1）合理选用训练方法

篮球教学有自己的特点,要想顺利完成教学任务,就必须在组织上采取相应的有效措施。但是由于客观条件不尽相同,所采取的措施也就不尽相同。

（2）加强学生的合作意识和集体意识的培养

现代篮球运动是集体性、对抗性很强的运动项目,在比赛和练习过程中,常常会出现一些思想问题、场上作风问题、违反纪律问题等负面现象和做法。因此,在篮球课中,一定要注重思想方面的教育,严格要求学生的思想和作风,严格禁止负面现象和行为的出现,使篮球教学课在合作、和谐的环境中进行。

（二）篮球课组织的手段

篮球课堂教学的组织与管理主要是通过以下几个基本手段来实现的。

1.课堂常规

课堂常规对教师和学生均应具有约束力,它是课堂管理的主要依据。在篮球课教学过程中,教师应高度重视课堂常规的管理,对学生的课堂考勤、语言行为等方面,要严格按照规定执行,并贯彻始终。另外,教师也要严格遵守课堂常规的规定和要求。

2.课的结构

课的结构一般包括准备部分、基本部分和结束部分,教师要严格遵循课堂教学规律,按课时的结构顺序采取不同的管理办法和措施,避免造成课堂的混乱。另外,对突发事件的处理也要采取果断而有效的措施。

3.发挥学生干部的作用

班级的组织和管理要讲究一定的方法。班干部和技术骨干是教师进行课堂管理的得力助手,应精心培养,创造有利条件来提高他们的组织管理能力,树立他们的威信,使其真正起到教师助手的作用。

二、篮球运动教学课的实施

(一)理论课的具体实施

高校篮球理论课教学一般采取课堂教学的形式来完成,即以教师讲授为主,并配以适当的课堂讨论,引发学生学习的兴趣。

1.篮球不同理论课的类型结构

一般来讲,篮球理论课包括两方面,即新授课和复习课。下面就介绍这两种理论课的结构以及组织。

(1)新授篮球课

新授课的结构通常有四部分,即组织教学、导入新课、讲授新课和布置作业。其中,非常重要的核心环节是讲授新课,这一部分往往使教师花时间,费力气。一般来说,在这部分中,教师单纯讲解的时间占 $13\% \sim 15\%$,因为时间太长会影响学生的练习时间,不利于教学效果的取得。

(2)篮球复习课

复习课主要是为了帮助学生巩固已学过的知识,进一步强化,并加深理解,融会贯通。复习课的基本结构主要有三个方面:一个是组织教学,提出复习的目的和要求;一个是运用多种方法复习;还有一个是小结。

篮球理论课教学的主要任务是让学生掌握基本的篮球理论知识,主要包括篮球的技术基本理论和战术基本理论,篮球运动的发展趋势,篮球运动的教学、训练、裁判、组织竞赛的方法等。

2.篮球理论课的实施目的

对于学生来讲,通过篮球理论知识的学习,学生应达到理论联系实际和指导实践的目的。当前篮球理论教学现代化的发展趋势之一为启发式教学,即教师充分利用学校的现代教学设备,如幻灯、投影、录像等多媒体教学手段,充分发挥学生学习的积极性和能动性,培养学生分析问题和解决问题的能力。用这些现代化的教学设备开展启发式的篮球教学是当前篮球理论教学现代化的发展趋势,对于培养学生分析问题和解决问题的能力具有非常显著的效果,是值得大力提倡的,对篮球教学的发展具有重要的促进作用。

3.篮球理论课的实施要求和建议

在篮球理论课的教学过程中,教师应根据教学大纲所列出的题目,采用课堂教学的形式来完成。通常篮球理论课以教师的讲授为主,配合适当的课堂讨论。具体步骤如下。

(1)教师以提问或讲述的方法引导学生回忆前次篮球课教学的内容,为讲授新的篮球课内容做好学习准备。

(2)重点讲授本次篮球课的理论内容,在这个过程中对篮球课的重点和难点部分进行反复论证。

(3)采用提问、作业等形式对篮球课的新、旧内容进行强化,使学生在课堂上理解本次篮球课的主要知识内容。

(4)在篮球课的结束部分,教师要扼要总结和归纳本堂篮球课的知识点,布置课后作业,并宣告下堂篮球课的内容,让同学都做一定的预习。

(5)篮球理论课的教学要求教师预先编写好篮球教学用的讲

稿,设计好篮球课上讨论的题目,同时要准备必要的篮球教学辅助器材,如挂图和模型等直观教具。

(二)训练课的具体实施

教师在篮球教学课的组织过程中起着重要的指导作用。要想实现篮球教学课的科学组织,教师在组织训练时,首先要严于律己,以身作则;其次要做到诚恳热情,与运动员成为交心的好朋友,这就要求教师不仅要关心运动员的生活、歇息、思想活动,而且还要关心运动员的技术水平;再次,不仅要做好一个称职的教育者、鼓励者,而且还要做一个虚心受教的受教育者,通过虚心听取队员意见,将运动员最真实的想法和需要综合起来,集思广益,把自己的意图、想法和要求告诉队员,使之成为队员自律、自觉的行为,这样对于提高训练效果有很大的促进作用,对于智力的充分发挥也具有非凡的意义。

在篮球训练课的组织过程中,一定要注重训练课的进行,因为上好训练课,是完成训练计划、提高训练水平、贯彻科学系统训练原则的关键。训练课是在教学大纲的内容、顺序、要求和进度安排的指导下进行的,因此,一定要准确把握教学大纲的思想和精神。训练课的进行不是随意而为的,而是以学生运动员的心理和生理特点、篮球运动的特点以及运动规律为主要依据而有针对性地进行的。

1. 篮球训练课的结构安排

具体来说,在篮球训练课教学过程中,应重视在准备部分、基本部分和结束部分内容的合理安排,并合理安排不同课的部分的比例关系。

(1)准备部分

训练课的准备部分主要目的是使学生从生理和心理上做好承受较大和最大运动负荷的准备,以避免运动损伤的发生。

篮球训练课的任务主要有两个:第一,组织学生,集中注意力,以提高教学效率。第二,加强神经系统、内脏器官及各肌肉群的活动,提高其兴奋性,以增强课堂的学习气氛。

首先由班长、队长或值日生整队并清点出席人数,向教师报告;教师进行考勤检查,并将本次课的任务与要求向学生进行较为简要的说明。准备部分的训练内容主要取决于基本部分的教学、训练内容,换句话说,就是根据基本部分的教学、训练内容的需要,选择准备活动的练习。通常情况下,准备部分的练习内容,主要是由走、跑、跳、各种控制球、支配球和徒手体操、游戏的练习组成的。训练课不仅要做一般准备活动,而且还要根据实际需要做专门的准备活动。

通常情况下,都会采用集体形式进行课的组织,但并不是所有教学和训练都是以集体的形式进行的,也有特殊情况,比如,训练课有时根据需要也可以给一定时间做个人的特殊准备活动。

准备部分的主要目的是在教师的组织下做好进入训练状态的准备,其中身体准备活动是一堂训练课中不可缺少的重要部分之一,这部分的时间通常会安排 15～20 分钟。准备活动的具体内容不仅能够使学生集中注意力,充分放松身体,而且还能够为基本部分的活动打下一定的基础。

(2)基本部分

训练课的主要目的不仅包括教学课的主要目的,而且还致力于提高比赛能力和适应能力。

篮球训练课的主要任务是以教学大纲、训练计划的要求为主要依据,通过不断创造各种有利条件,使学生掌握和提高技战术水平和技能,同时,也要有针对性地提高其运用能力。不仅如此,还要循序渐进地加大运动量和强度,发展运动素质,增强体质,提高篮球意识、技巧和运动水平;要进一步加强思想教育和心理训练,培养运动员的良好作风和拼搏精神。

篮球训练课的主要内容是以训练计划的安排为主要依据,通过各种各样的练习和比赛,比如,个人的、小组的、全队的身体练习、技术和战术练习、教学比赛、对外比赛等,来发展各项素质和能力,以提高实践能力。除此之外,还要根据各个时期的具体任务,循序渐进地增加运动负荷量和运动强度,更大程度地增强运动员的各项素质和能力。

基本部分是篮球教学课的重要组成内容,具体的组织方法通常应以合理安排教材内容为主要途径,来组织教学活动。教学课进行教材内容的安排时,通常都是先教新教材,然后复习旧教材,进行知识的巩固和强化,运动量较大的教学比赛或者提高身体素质的专门练习放到最后进行。在进行实践课的教学时,要以课的任务和学生的具体情况以及课的时间、场地、器材等条件为主要依据,来有针对性地选择较为合适的练习方法和手段。

(3)结束部分

训练课的结束部分其主要目的是通过使体内积存的乳酸加速排除,使运动时的氧债得到一定的补偿,使参加运动的肌肉尽快地恢复到运动前的状态,而最终使运动员从生理上逐渐由运动状态平复下来,从心理上由运动状态逐渐恢复到平静状态。

激烈的训练结束后,应该适当地做一些整理活动,以使学生从激烈的运动生理状态和紧张兴奋的心理状态逐渐缓和、平复,恢复到训练前的状态。结束部分的主要内容有:关于慢跑、游戏、放松练习和注意力转换的练习,除此之外,一些运动量不大的罚球、投篮练习也是较为合适的选择。

另外,在篮球训练课结束前,教师应组织学生进行小结和讲评工作,主要有以下两种形式:一是由教师对本次教学课进行小结。二是由师生共同对本次教学课进行小结。要求小结简短扼要,有针对性;以表扬为主,批评为辅;以正面教育为主,尽量不进行负面教育,以免影响学生参与训练的积极性。

一般情况下,教学课结束部分的时间是 5~10 分钟,训练课结束部分的时间是 15 分钟左右。具体来说,训练课的具体实施要注意以下几点:首先,训练负荷安排要科学、合理。在训练课中,对运动负荷的合理安排以及进行大运动负荷训练,这不仅是训练工作中的一个非常重要的方面,而且还对队员身体素质和技战术训练水平的迅速提高有很大的影响,有利于队员逐步适应实践需要。训练课的内容安排得是否科学、合理、符合运动规律,在很大程度上决定着这堂训练课是否成功,当然,运动负荷的控制也不例外。其次,训练时间要充足。篮球训练具有其自身的特点,即运动员不仅要进行篮球运动训练,还要参加文化课学习,因此,充足的运动训练时间是非常重要的。一般情况下,篮球训练的时间是 1.5～2 小时。这就要求教师要在有限的时间里,科学、合理地控制好运动量,掌握好篮球训练效果,从而确保训练任务的完成。再次,训练方法和手段要科学。教师要组织好一堂训练课,不仅要确定好明确的目的、任务,还要以此为依据采用科学合理的训练方法和手段,来对各项练习进行安排和组织。换句话说,只有正确掌握科学的训练方法,运用合理的训练手段,才能取得较理想的训练效果,才能使技、战术水平和身体素质的提高得到保证。最后,训练组织形式要合理。篮球运动训练的组织形式有很多,训练课是篮球运动训练的基本组织形式,除此之外,个人训练、早操等也是篮球运动训练的重要组织形式,与集体训练课互为补充。

2.训练课的内容安排

训练课主要包括四方面内容,即运动员的组织、练习的组织、课的时间的安排以及运动负荷的安排。下面进行简要介绍。

（1）运动员的组织

运动员的组织主要分为两种形式,即集体（全队或小组）训练和个人训练。一般情况下,这两种训练形式往往是结合起来用的。

（2）练习的组织

练习的组织内容主要是指训练课作业进行的程序和作业内容的安排。通常来说,都是首先进行基本技术练习,其次进行战术配合,再次进行全队战术训练,最后再进行教学比赛的训练。

（3）课的时间安排

一节篮球课的时间一般有两种,一种是 45 分钟,一种是 90

分钟。对课时的合理运用,对教学任务的完成以及教学活动的顺利开展有非常重要的作用和影响。对课时的安排,一般情况下是:60％的时间用于学习内容,40％的时间则用来复习和巩固学习内容。

(4)运动负荷的安排

运动负荷的安排在训练课中是非常重要的环节之一。决定一堂训练课的成功与否的因素,主要有训练内容的组织安排是否得当,是否符合科学和客观规律。当然,运动负荷的控制也不例外。在篮球训练课中,合理安排运动负荷和如何进行大运动负荷训练是一个不可避免的且非常重要的问题。解决好这一问题,不仅能够使队员的身体素质有很大程度的提高,在技术和战术训练水平方面也会大大提升,这非常符合实践的需要。由此可以看出,首先要根据队员的实际情况来确定运动负荷;其次运动负荷的增长要遵循循序渐进的原则,由小到大。另外,还要根据不同时期、训练阶段的任务将每次课的负荷强度和密度确定下来。一般来说,一次课应出现几次负荷高峰。通常情况下,进入到基本部分的前段时就应出现第一个高峰(较高),第二个高峰出现在到基本部分后段时。另外,还要注意保持训练的完整性和系统性。

(三)篮球观摩讨论课的具体实施

和其他类型的篮球课程相比,篮球观摩讨论课的形式比较自由灵活,主要教学任务和目的是提高学生的表达能力,发展学生的观察与分析能力,激发学生的创造性思维。讨论课多在进行篮球技战术分析、规则裁判法等的教学时采用。

在开展篮球观摩讨论课之前,教师要对学生宣布观摩的内容、观察的重点、要解决的问题,以及纪律等方面的要求等。观摩对象可以是某次篮球课或篮球比赛,也可以是篮球技战术电影或录像等。观摩中要求学生要做好笔记,记下自己的感想和体会,并提出疑问,为之后的讨论做好准备。

在观摩讨论课过程中,教师作引导性发言,然后组织学生围绕本次课的议题进行民主式的发言。鼓励学生不同意见的发表，展开激烈的争论。

在篮球观摩讨论课结束后，要及时组织讨论，一般先由教师作引导性发言，然后学生围绕议题进行发言。在讨论课之中，教师作引导性发言，然后组织学生围绕本次课的议题进行民主式的发言。鼓励学生有自己的不同意见，针对各自意见展开激烈的争论。教师应在讨论结束时作总结性发言，对讨论的问题和学生的讨论情况进行评述，评述讨论的问题和学生的讨论情况。未能得出结论的问题可以留待日后或下次课上继续进行探讨。

（四）篮球实习课的具体实施

篮球实习课的目的是提高学生对篮球的学习训练能力、裁判水平和组织竞赛能力等。

在实习开始时，教师确定好实习学生的人数，指导学生做好充分的准备工作。

在实习过程中，教师要及时做好观察和记录。

在实习结束时，教师对学生的实习情况及时进行评价，也可以鼓励学生参与实习课的讲评与讨论。参加实习的学生要写出实习总结，为学习能力的提高打好基础。

第三节　高职篮球运动教学课的实践指导

一、课前准备

对于初次上篮球教学课的教师来说，是从学生到教师、从所学到所用的一个转化过程。初次上课面临的问题很多，例如课该怎么上、具体讲什么内容等，需要花费一定的时间进行以下几方面的准备。

（一）掌握并熟悉上课对象的基本情况

第一，了解学生的性别、年龄、体育基础、身体素质、篮球技术和战术水平、对篮球运动的喜爱程度等。考虑到篮球运动集体性、对抗性的特点，应该深入调查和摸清学生的身体、技术特点，以便合理安排教学任务、内容、组织教法、运动负荷等，在教学中合理掌握分组，注意区别对待。

第二，了解篮球场地、设备、球的数量和气候等条件，以便从实际出发确保能使学生更好地掌握所授课程的技术和战术及组织与教法，保证教学过程的顺利进行。

（二）了解教学进度的安排，确定课的内容

教学进度里确定的教学内容，一般的安排都是先学习主要技术，然后逐步扩展学习内容，增加战术教学，体现循序渐进的原则。从进度上可以清楚地看出课的进程和已经学习过的技术或战术。如某一次课的进度是：首先，复习已学过的攻守技术。其次，学习进攻基础配合：传切、突分。最后，进行半场三对三教学比赛。从进度的内容可以看出，学生已经学习了相当一部分的技术动作，如进攻的传接球、运球、投篮、突破、防守对手或者进行了攻守对抗技术练习等。根据这种分析，在确定教学内容时就应考虑如何使学习内容与复习内容有机地结合起来，让复习内容为学习内容奠定基础。因此，本次课内容的安排应是复习传接球技术，持球突破技术和摆脱对手切入技术，以利于学生学习传切、突分配合时产生积极的正迁移作用，使课的内容衔接紧密，以利于教学中练习和组织。

（三）备课

教学前备课包括认真熟悉教材、确定课的任务、编写课时计划（教案）、确定教学方法与步骤、试讲课等。具体内容包括以下几个方面。

1. 认真熟悉教材

一般来说，教材是教师选择教学内容、方法的基本参考用书和学生课前、课后复习用书，因此教师要结合大纲、进度熟悉教材。教材有统编教材和自编教材，基本是按各学校大纲中规定的内容选择所要应用的教材。教材能反映出教学内容的深度和广度，不同的教学对象使用教材应不一样。篮球运动的教材中包括技术动作方法、战术配合方法、教学步骤、练习方法等内容，是编写教学计划不可缺少的依据。学校体育教材根据小学、中学、中等专业、高等院校体育教学的目的、对象和条件等差异决定了各级学校的教材有自己的特点。如小学中、高年级要求学习简单的基本技术，并能在游戏和比赛中运用；初中阶段则包括基本技术、简单战术和规则，如篮球移动、传接球、运球、投篮、半场人盯人等，使学生熟识球性，提高手控制球的能力和手脚协调配合的能力，并能运用所学的基本技术进行比赛；高中阶段应当全面复习初中学过的基本技术，介绍简单战术，提高综合运用实战能力。因此，必须熟悉教材，认真钻研教材，明确技术规格，结合学生具体情况找出难点，以便在教学中抓住关键，确定教学方法和手段，有的放矢地把握课的深浅度，保证良好的教学效果。

2. 确定教学任务

确定教学任务，首先要清楚篮球教学的基本任务是传授篮球基本知识、基本理论、基本技术和战术；通过不同的练习方法，发展身体素质，增强体质；培养团结协作、勇猛顽强的团队合作精神；培养篮球运动的组织能力、竞赛能力、裁判能力，分析解决篮球运动中的一些问题。明确了这一总的任务，就容易确定每一次课的教学任务和目标。

作为一次课，任务的确定应与前后课程密切联系，要根据教学进度安排、确定教学任务和内容。

(1)新授课的任务有开始学习、初步掌握、基本学会、熟练运用等几个层次。练习方法和练习形式应围绕不同层次任务确定，使实践教学的内容、练习形式、次数与教学任务相匹配。

（2）复习课的教学任务可分为进一步巩固、提高、正确熟练运用等不同层次。通过掌握某一技术动作、练习方法、练习形式，可以增加难度，达到完成任务的目的。

（3）无论是学习内容还是复习内容，都要选择适当的教学形式和方法，突出对学生综合素质和专业素质的教育和培养，在教学中渗透思想作风、道德品质的教育，确保教学任务的完成。

3. 编写课时计划

课时计划也称教案，它是教师上好每一次课的依据。初次上课的教师尤其要认真地编写教案，这对于缺少上课经验的教师来说有一定难度，可能要花费较多时间，反复修改才能符合要求。曾经有的体育院校学生在实习期间，第一次写教案反复修改了7次才达到了指导教师的要求。他虽然花费时间长，但确实加深了对教学的理解和认识，熟悉了教案编写过程。该生由于教案编写得有针对性，第一次课上得很成功。对于每位教师来说编写教案实际上是在进行一次教学设计，主要包括教学内容设计、教学方法设计、教学时间设计。

（1）教学内容设计

一堂课的教学内容设计是教师认真分析教材，结合学生的实际水平，合理选择和组织教学内容以及合理安排教学内容的表达和呈现过程，它是教学设计最关键的环节，也是主体部分。在教案中教学内容主要是指学生学习或复习的技术动作、要领、方法、战术配合形式，重点是帮助学生有效地理解和掌握知识、技术、技能。内容的设计应符合课的任务，要体现循序渐进的原则。如课的任务是初步掌握交叉步持球突破技术，课的内容就应安排与交叉步持球突破技术有关联的、有衔接的技术练习，如接球、跨步、转身、运球、行进间投篮等。这些练习内容可以起到启发学生对学习新技术的思维。

（2）教学方法设计

教学方法是为完成教学任务、传授教学内容、体现教师的教和学生的学相互作用所采取的方式、手段和途径。教学方法在教案中要用语言和图示明确而具体地表达出来，并具有可操作性。确定教学方法应考虑以下几方面的内容。

按照教学计划、教学进度、每堂课具体的教学任务、教学条件选择教学方法并确定时间安排。如果具备多媒体教学设备，还应考虑多媒体课件及教学工具与教学内容整合设计。

根据学生的学习特点选择教学方法。选择教学方法要考虑学生对篮球运动知识理解的程度、掌握篮球技术和战术的水平。一般来说，对初上篮球课的学生要以打好基础、促进学生身体的全面发展为主。通过练习法、重复法让学生练习、掌握基本动作；通过竞赛法与游戏法，提高学生的学习兴趣，调动学习的积极性，培养良好的道德品质和团结合作精神。对已基本掌握篮球技术的学生，可适当增加对抗练习，提高技术和战术运用能力，培养配合意识。

根据教学条件选择教学方法。篮球教学要具备必要的场地设备，教学方法的选择要充分考虑教学的条件，其主要考虑的因素包括上课人数、场地条件、篮球数量等。教学设计要充分利用场地、器材、设备进行分组练习或循环练习，变换练习条件，适当增加难度，保证学生能有一定的运动量和提高技术与战术水平。

熟练运用组织教法。教学方法设计要认真考虑练习的组织队形（距离、位置、方向）、变换练习形式时前后的衔接、球的路线、人的位置轮换、调动队形等，充分利用有限的空间、时间、不同的组织形式使上课有序、高效运行。

提倡改革创新，大胆运用新的教学方法。篮球运动是一项颇受青少年喜爱的体育活动，也是一项有广泛群众基础的竞技体育项目。广大青少年完全能够从不同媒体接触到有关篮球运动的信息、技术和战术，教师应当顺应这个趋势，利用当前社会上、媒体中广泛传播的信息，引进新颖的训练、练习方法，结合青少年特点改进教学手段和方法,提高学生的学习兴趣。

(3)教学时间设计

一堂体育课教学时间是 45 分钟或 90 分钟,合理控制教学时间是关系到能否完成教学任务的关键,是顺利进行教学活动的重要因素,因此要重视教学时间控制。

把握好整体时间分配。课前应对一堂课的整体时间分配做到心中有数,依据课的任务、教学内容、学习内容、复习内容、练习方法的实际需要,对整堂课的时间作出合理规划。一般安排是:讲解时间尽可能简略扼要,节省时间,学生练习时间尽可能充裕。学习内容的时间比例稍大,复习内容的时间相对较少,其主要目的是要完成课的主要任务。例如:一堂 45 分钟的课,基本部分的时间应在 30 分钟左右;一堂 90 分钟的课,基本部分的时间应在 70 分钟左右。其中学习内容占的时间在 60% 以上,复习内容占的时间在 40% 以下。

保证学生充分的学习时间。教案中各部分时间的安排,包括教师讲解、示范、组织调动队形、收放器械、学生练习等,其中重点要保证学生的练习时间。因此,在备课时要做到以下几点。

第一,尽量减少不必要的组织措施和队形调动,尽可能以最短的时间、最快的速度组织队形。

第二,根据学生人数、教学内容、教学方法,充分利用场地、器材进行合理分组。

第三,合理安排教法顺序。如有球与无球练习的安排要合理,课的安排可以从无球—几个人一球—两个人一球—每个人一球。或者与之相反,从每人一球逐渐减少。这样中间减少了拿球、放球的时间,保证练习的连续性。

第四,提高讲解、示范质量,做到精讲多练,有针对性地重点讲授,节省时间。

4.试讲

对于初次上课的教师来说,试讲也可称为模拟讲课。模拟讲课是在每次课前模拟实际授课的演习,它对于初次上课的教师上好每一次课有至关重要的意义。通过模拟讲课,可进一步明确课的任务,加深对课的内容、练习方法的理解,使讲解更清楚,示范动作更准确,组织调动队形更合理,还能对课上可能发生的情况做到有备无患,对于可能发生的意外情况做到防患于未然。模拟讲课包括以下几个方面。

（1）课堂用语

课堂用语包括讲解内容、技术动作要领表达、师生交流语言、课堂组织用语等。

整队时的口令声音洪亮,有力度,有气势。

向学生介绍课的任务时简洁明确,层次清楚。介绍练习内容和练习形式时要用术语,重点突出。结合图示讲解时要简明扼要,语言表达要让学生易懂。纠正学生错误动作时要耐心,语言有针对性,要正面引导,让学生易于接受。

调动队形、做操的口令要有节奏感,声音洪亮,有力量,用富有激情的口令调动学生积极性。做操时用适当的语言提示要求。组织游戏练习要用简洁清楚、调动学生兴趣的语言表达,以迅速按照提前设计好的方案进行。

讲解动作要领和练习方法时的语言要结合动作顺序有层次地表达清楚,要结合动作要领讲清身体各部位的移动位置、控制方法、用力顺序。可以从上肢到下肢或者从下肢到上肢按顺序进行讲解。一般来说,面向全体学生时大多数采用边讲解边示范的形式,抓住重点精讲,使学生了解动作关键。如学习交叉步持球突破时,则教师的讲解应与示范同时进行。持球方法、身体动作应以示范为主。持球突破的动作环节(蹬地跨步、转体探肩、推放球、加速)应边示范边讲解;中枢脚的确定要清楚明确,必须用语言来强调。这样可使学生加深对持球突破动作的认识,尽快理解和掌握。

（2）正确示范

示范是实践课教学最基本的方法和能力,示范要正确,这对于初学者形成正确的动力定型是非常重要的。因此,教师示范必须领会动作要领,掌握动作方法,懂得运用的要求。备课时,要认真设计示范动作,对要示范的技术动作的每个环节都要认真、反复、一丝不苟地练习,以保证示范时的准确性。只有示范正确到位,才能增强上课的自信心。这里要特别强调的是初次上课的教师在平时练习中,要有意识地按照正确的动作要领去做,不能随随便便,马马虎虎,努力使自己的动作形成正确的动力定型,确保示范万无一失。

(3)确定练习时间和次数

对于初次上课的教师来说,对安排的课堂练习内容、练习方法所占用的时间常常心里没底,只有通过模拟讲课,做到胸有成竹,才能保证上课时不慌乱,顺利完成课的任务。

课前应对课的各部分练习内容、方法、次数做好时间上的推断,估计所占时间比例。对于各种练习占的时间和因调动队伍、拿放器械(球)等浪费时间要做到心中有数。一般时间设计方法是:准备活动按节数和拍数用秒表计算占用时间;行进间上篮练习,计算每个人做一次用多少时间,推算出全体学生的用时;练习多少次达到目的,总的时间是多少等。如有必要,上课前可在场地上实践一下,或去观察其他教师上课,带一块计时表和记录本,记录下所用时间。如时间和条件许可,可做一次现场备课,按教学内容将课的全过程、某一部分或某项内容教材在课前进行教学预演,这些对初次上课的教师上好课很有益处。

计算讲解、示范时间。教师讲解示范需要占用一定时间,要分别计算各次讲解、示范占用时间,对全部占用时间进行大致估计。一堂课教师单纯讲解的时间一般占 13%～15%,讲解过多会影响学生练习时间,影响教学效果。

(4)确定教师行动计划

在一堂课的教学中,教师的站位与行动等,都应该在备课时就设计好,保证自己在课中行动的计划性、目的性和准确性,这既有利于指挥和指导学生的行动和练习,又能通过高效的组织避免由于行动的盲目性而产生忙乱。教师教学时要根据学生练习时占用场地面积、位置而选择站位，最基本的站位应是能将学生们的练习情况置于自己视野范围之内，方便观察以便发现问题及时解决。如学生练习全场运球上篮或二三人练习全场行进间传接球，则教师应站的位置有两点可以选择：一是站在练习的起点，面向场地，以便观察到全体学生的练习情况，而且离学生比较近，可以指挥他们按顺序、拉开间距进行练习。这种站位适合对初学篮球的学生教学采用，既观察到了学生练习技术的情况，又可以保证练习顺序和课堂组织纪律，还可以进行个性化指导。二是站在中场边线附近，面向场地观察学生练习中技术动作正确与否，并可左右环视，不断用语言提示，既观察到点，又观察到面，还可进行个性化指导，让学生感觉教师就在身边，不放松对每个动作的练习。

在练习基本技术时，教师可站在学生练习的侧前方，如在练习投篮、持球突破、传接球等技术时，这样既可以全面观察到学生的动作，又可以在发现问题时及时提示和纠正，保证练习效果。

教师的位置不是固定不动的，而是根据练习形式、内容、重点和难点来确定，目的是能全面观察到学生的整体情况，起到主导作用，把握教学的全过程。

二、课堂控制

由于体育课的教学特点，课堂教学过程实际上从上课前就已经开始。课堂教学过程控制得如何与课前教学准备是否充分密切相关。

(一)上课前教学准备

教师应至少提前 10 分钟到达上课地点，为顺利进行教学做好上课准备。教师有必要做好以下几项课前准备。

第一，检查上课所需的场地器材是否满足上课要求，包括是否清场、球的数量、标志杆的位置、画图板、计时用的秒表等。

第二,检查教学文件,包括教学进度、教案、点名册是否备齐。

第三,做好身体准备,包括适当热身,检查服装、鞋是否整齐。将口哨挂在胸前以备随时利用。

第四,注意观察已经来到场地准备上课的学生。学生可能会提前到达场地,进行有球的运动或进行小型的对抗,要提醒学生抑制过于激烈的对抗,避免受伤,影响上课。

(二)课上教学过程控制

课上教学过程控制体现教师对教与学的控制过程,其中教师在整个教学过程中起着主导作用。好的精神状态、清楚的语言表达、正确的示范动作、对学生的启发引导和积极性的调动、对课的时间把握等都直接影响课的效果。教学过程控制应做到以下几方面。

1.保持良好的精神面貌

上课铃响,教师站在集合地点,精神饱满,充满自信,组织整队口令要清楚,声音要洪亮,展现出体育教师良好的精神状态。

2.严格执行课堂常规

上课铃响后,由体育委员及时在指定地点集合整队,向教师报告出勤人数,教师应检查出勤情况,做好记录,并检查学生服装,宣布课的任务、内容,提出上课的要求。对于初次上课的教师来说,刚开始在学生面前讲话可能会紧张,可以考虑减慢语速,尽量保持语言连贯,以利逐渐平静紧张的心情。

3.调动学生的积极性

课的进程中,要不断用语言和行动调动学生学习的积极性,提倡多运用鼓励的语言,如你做得很好、你做对了、继续努力、加油等,增强学生学习劲头,活跃课堂气氛,促使其积极投入,达到好的教学效果。

4.把握课的时间

(1)对课的内容、练习方法、练习次数、讲解、示范、组织、纠正等所占用的时间进行调控。虽然课前已经做了充分准备,可是因为初次上课往往对实际发生的情况把握不好、估计不足导致时间把握不准,以致前松后紧,影响课的进程。当发现有些内容没有充分展开,学生练习还不充分时,往往心里紧张,不知所措,这时应当及时调整教学内容和组织形式,尽可能保证主要内容的教学和练习,保证课的任务的完成。所以,初上课的教师备课一定要充分,这是把握好时间和保证课顺利进行的关键。

(2)尽量按备课时各部分教学内容规定的时间授课,不要拖延练习时间。教学中可能会发现没有达到预想的效果,应临时增加或改变练习形式,但对于初次上课的教师来说不适宜作临时调整,否则会打乱教学的时间安排,影响课的进程。

(3)要严密组织教学,尽量减少教学组织过程和队形调动,尽可能以最快的速度组织队形,减少拿、放球的时间和次数,保证学生的练习强度和密度。

(4)精讲多练。严格把握讲解时间,选择合理的示范位置和示范面,保证学生都能看得清楚,取得好的示范效果。

(5)有序组织课堂教学。课堂上有时会遇到学生人数多、球少、场地不定、学生技术水平参差不齐等情况,给教学组织带来一定的困难。在教学和练习过程中有时还会出现一些意想不到的情况,应急处理不当可能会导致课堂混乱,影响教学效果。这就要求教师有较强的组织能力和应变能力,应付突变事件,以保证课堂教学有序地进行。

5.注意发挥学生的主体作用

教学中,教师要随时观察学生的表现,及时做好师生、生生教学互动。

(1)运用启发式调动学生学习的主动性,通过提问、启发的方式引导学生去思考,锻炼和培养学生观察问题和解决问题的能力。

(2)结合篮球运动集体性、对抗性的特点,合理采用分组教学的方法,既发挥骨干的带头作用,又让学生通过实战演练加深对教学内容的理解。

(3)观察学生对教学内容的掌握情况。为加深对动作的理解和认识,调动学生的积极性,可让学生做示范、讲解、演示,让学生参与分析、讨论,组织学生积极参与研究性学习,然后教师给予讲评。

(4)结合学生做练习时掌握技术动作的规范程度,提出问题,组织学生互相交流,也可采用分组的形式研讨,将其中有代表性的看法向全体学生公布,教师也作为参与者与学生平等对话。

6.安全教育

篮球运动是集体性、对抗性运动项目,教学过程中不可避免地会出现相互接触、磕、碰、撞等动作,以及其他不合理技术动作,有可能造成伤害事故、误会或争执,要注意进行以下安全教育。

(1)教师在教学中可结合教学内容随时讲解造成伤害事故的可能性及实例,以引起学生注意。

(2)纠正学生错误动作时,注意对出现伤害事故的可能性及时提醒。

(3)观察学生课堂组织纪律,有打斗现象时必须严厉制止,有可能造成误会、争执、引发纠纷时提出警告,避免打斗事故的出现。

(4)注意观察学生的个性技术发挥,对正确的要鼓励,对危险动作要及时制止。

(5)教师要全面观察学生练习时的身体状态,一是观察学生的面部表情,二是观察学生做动作时的行为表现,及时调整练习的强度和密度。遇突发事故要沉着、冷静处理,不要因此而影响教学。

7. 及时纠正错误动作

学生在初学技术动作时,不可避免地会出现各种各样的错误,教师要提高动作示范与讲解质量,明确动作的易犯错误及其纠正方法,有意识地、及时地纠正错误。纠正时应注意以下几点。

(1)首先肯定学生的进步,再指出错误所在,并分析原因、弊病、适合个人特点的改进方法,以便提高学生改正的信心。

(2)遇到错误动作较多的情况时,要抓住错误动作的主要环节,如双手胸前传接球技术的练习,学生表现出传球时双肘外展、胸前推球、传球不会用力、动作不协调等错误,纠正时首先要观察学生持球手法是否两拇指成八字,其次观察持球的位置是否在胸腹部之间,最后观察肩、肘、腕是否放松。这三点是传球技术的关键环节,能有效解决双肘外展、胸前推球的错误动作。

(3)纠正错误动作时,对普遍性错误,可采用集体纠正方法;如属个别现象,则应采取个别辅导方式。

三、课后总结

一堂课结束后,教师要对课堂教学的情况进行总结,分析课的任务完成情况和教学效果,找出存在的问题,提出今后改进的设想,其目的是改进和提高课的效果和质量,提高教学水平。课后总结可从教学效果、教师和学生的表现等方面有选择地进行。

(一)对课堂情况的总结

课后总结首要的是对课的任务完成情况的总结。主要包括以下内容。

第一,课的任务完成情况、教学内容完成情况、课堂组织的合理性、内容安排的合理性、时间分配的可行性等。

第二,教师的教态、讲解示范效果、教学方法、教学方法对完成课的任务的得失分析。

第三,学生是否按教师的要求完成了计划规定的练习内容,掌握知识、技术、技能的有效程度如何,有多少学生能初步学会,或基本学会、基本掌握所学内容。

(二)找出存在的问题

1.教师的自我评价

教师组织队列、调队是否合理,示范动作与讲解存在哪些问题,包括示范位置、教学进程、内容顺序、对错误动作纠正等,有哪些没有解决的问题。

2.对学生的评价

包括学生课堂组织纪律性、练习积极性,每个练习中普遍存在的问题和个别存在的问题,学生对练习形式的掌握理解、接受能力等。

(三)提出改进的设想

提出改进设想是确定新的教学目标、提高上课质量、积累教学经验、提高教学效果的有效途径和方法,这是初次上课的教师不可缺少的重要环节。教师可以广泛收集对教学效果的意见,包括通过对学生进行调查,了解学生对课堂教学的评价,不断改进和提高教学效果。

围绕教学内容、形式、手段、练习方法等方面,广泛收集意见并进行分析,为下一步教学提供依据。

从组织课堂教学的时间分配、练习强度、课的密度结合学生的表现分析,为有针对性地进行教学设计提出改进设想。

结合教师讲解、示范动作、示范位置对学生学习效果的影响,为教师如何更好地发挥主导作用提出改进措施。

　　根据学生在本次课中对教学内容的认识、理解、接受能力进行分析，为今后教学内容安排提出修改建议。

　　总结采用新的教学手段和方法对提高教学质量和效果的影响，有针对性地提出今后改革的设想。

第五章　高职篮球运动教学的考核工作

教学考核既是高职篮球教学的一个重要组成部分,也是一项十分严肃的工作。其目的在于通过客观恰当地评价学生掌握篮球知识、技术和技能的质量,不断对篮球教学工作进行改进。在本章中,将对高职篮球教学考核的相关内容进行详细研究。

第一节　考核评价在高职篮球运动教学中的应用探讨

一、进行高职篮球教学考核评价的基本出发点

在进行高职篮球教学考核评价时,一项重要的工作是明确考核评价的方式、制定考核评价的标准等。只有选择了正确且恰当的高职篮球教学考核评价方式、制定了科学合理的考核评价标准,才能确保高职篮球教学考核评价取得良好的效果,并进一步明确高职篮球教学的未来发展方向。具体而言,在进行高职篮球教学考核评价时,要切实遵循以下几个基本出发点。

(一)要与绝大多数学生的现有能力、水平相符合

在选择高职篮球教学考核评价的方式时,要切实站在学生的角度,确保所选择的考核评价方式、所设置的考核评价标准与绝大多数学生的现有能力、水平相符合。否则,高职篮球教学考核评价便不能有效提升教师的教学能力、促进学生不断增强参与篮

球运动的积极性和主动性,也不能有效促进篮球课堂教学效果的不断提升。

(二)要对所有学生都具有一定的挑战性

在对高职篮球教学考核评价的标准进行制定时,要使其具有一定的挑战性。这样不但能够使学生对成功的乐趣进行体验,还能有效激励评价对象为了达到标准而不断努力。比如,在一个班级内,某些学生可能有比较高的篮球水平,很容易达到一般要求的考核评价标准,于是在课堂上不认真学习,也不积极进行篮球训练。长此以往,这些学生对篮球的兴趣就会逐渐下降,篮球水平也会不断下降。因此,在制定高职篮球教学考核评价的标准时,必须要使其具有一定的难度,以便激励篮球水平高的学生和水平低的学生都能认真、积极地参与到篮球课堂教学与训练之中,以便所有学生的篮球水平都能得到不同程度的提高。

(三)要有一定的灵活性

在进行高职篮球教学考核评价时,所制定的标准要与大多数评价对象的能力相符合。但是,评价对象的篮球教学水平或是篮球运动水平存在着较大的差异,这就要求在对具体的学生进行考核评价时要具有一定的灵活性,即以学生的实际情况为依据选择最为恰当的考核评价方法、标准等。这样一来,所有的学生都能够在自己的能力范围内取得进步,从而体验成功的喜悦。

二、灵活应用考核评价来促进高职篮球教学的发展

在高职篮球教学中开展考核评价工作,不仅是为了提高教师的教学能力和学生的篮球技能,还重在培养教师和学生的终身体育意识,促进师生的全面健康发展。为了更好地发挥高职篮球教学考核评价的作用,需要从以下几方面着手对其进行灵活运用。

（一）依据实际情况设置高职篮球教学考核评价标准

在开展高职篮球教学考核评价工作时，必须要注意因时、因地、因人而设置篮球教学考核评价标准，即在制定考核评价的标准时要切实依据具体的时间、地点、人物等情况。比如，同一年级中的两个班中，有一个班的学生普遍对篮球运动感兴趣，篮球基础与水平整体上而言也比较高，而另一个班的学生对篮球运动的兴趣不高，篮球水平与能力也较差。那么，在对这两个班的学生进行篮球教学考核评价时，就需要依据它们的实际情况制定不同的考核评价标准，即对水平高的那个班要适当提高考核评价的标准，对水平低的那个班则适当降低考核评价的标准。不过，这两个不同的标准都能达到共同的目的，即促进学生篮球技能的不断提升。

（二）注重对学生学习态度的考核评价

高职教师在开展篮球教学考核评价工作时，通常会采用总结性的考核评价方式来对学生的学习情况进行评价。在运用这一考核评价方式时，教师应将学生的学习态度纳入考核评价的内容之中。这是因为，高职院校在开展篮球教学时，最主要的目的并不是培养高水平的篮球运动员，而是培养学生的终身体育能力，促进学生的全面健康成长。而要实现这一目的，需要学生在端正自己学习态度的基础上，保持高度的学习热情。因此，在开展高职篮球教学考核评价工作时，必须注重对学生学习态度的考核与评价。

（三）重视高职篮球教学考核评价的持续性

学生只有经过长时期的持续学习，才能较为全面地掌握篮球技能。若是学生只是在课堂上学习篮球知识与技能，在课堂外不坚持进行训练，则很难形成高水平的篮球技能。因此，应重视高职篮球教学考核评价的持续性。

举例来说,为了逐步推动学生篮球技能的提高,教师可以 3~4 周为一个教学单元来开展篮球教学工作,每个单元都针对一个考核项目进行设定,并将此作为每节课的教学内容。如在单元教学中以两人、三人间的跑动传接球为核心教学内容,配以相应的运球、投篮、小比赛教学等,这样就能够收到良好的教学效果。与此同时,学生为了能在单元考核中达标,会在每堂课中都认真练习,并主动测试自己的练习成绩是否达到了标准。若是不达标,学生会进一步坚持练习,直到达标。

(四)把握好高职篮球教学考核评价的节奏

在开展高职篮球教学考核评价时,并不是越频繁越好,因而需要把握好考核评价的节奏。通常而言,一个学期最好进行 3~4 次篮球考核,在其中的一次考核中最好涉及运球、传球、投篮、比赛能力等考核内容,当大部分学生都达到优秀的标准或与优秀标准相接近时,就可以组织考核评价了。不断的考核对于学生而言是不断的挑战,挑战有利于激发学生的学习激情。

第二节　高职篮球运动教学考核的原则、内容及要求

一、高职篮球教学考核的原则

高职篮球教学考核的原则,具体而言有以下几个。

(一)客观性原则

客观性原则指的是篮球教师在对学生的学习情况进行考核时,必须要切实依据客观情况,做到实事求是。只有这样,篮球教学考核的结果才具有真实性,才具有参考价值。

在开展高职篮球教学考核时,要切实遵循这一原则,首先要做到评定标准客观,不带随意性;其次要做到评定方法客观,不带偶然性;最后要做到评定态度客观,不带主观性。以客观存在的事实为基础,实事求是,公正严肃地进行评定。

(二)目的性原则

目的性原则是指在进行高职篮球教学考核时,必须要有明确的目的。高职篮球教学考核实际上是对高职篮球教学与训练的一种管理和调控,因此每次考核应根据目的不同突出不同的考核标准,不能随心所欲。

(三)导向性原则

导向性原则指的是高职篮球教学考核工作必须坚持正确方向,通过篮球教学考核使教学工作更好地培养全面发展的人才。实现高职篮球教学考核正确导向的关键,是建立正确的考核标准,合理地设计考核指标体系,恰当地确定权集。高职篮球教学考核是一种教学价值的判断,不同的考核标准来自于不同的教学思想、不同的教学价值观和人才观,而考核的指标和考核结果都会对以后的教学工作产生明显的指导作用。因此,高职篮球教学考核的设计者和使用者,首先要端正教育思想,要与国家的教育法规、教学计划、教学大纲或课程标准精神相一致,符合篮球教学的规律,确保教学考核导向的正确性。

(四)可靠性原则

可靠性是指重复使用同一考核方法衡量学生成绩时,所得到的结果的一致程度。对同一年级学生反复多次采用同一方法的考核,测出的结果具有较高的一致性,说明考试的可靠性较高;反之,说明考试的结果缺乏可靠性。高职篮球教学考核必须由超脱于被评对象利害关系的评定人来完成,评定需要成立专家小组,以便尽可能排除、抵消个人看问题所带来的某些片面性。

（五）全面性原则

全面性原则指的是要对考核对象的各个方面进行全方位的考核评价，避免片面突出某一方面的考核。也就是说，在开展高职篮球教学考核时，要对组成篮球教学活动的各个方面进行"多角度、全方位"的考核，而不能"以点带面，以偏概全"。具体来说，在开展高职篮球教学考核时要特别注意以下两个方面。

第一，在对高职篮球教学考核的指标进行制定时，要尽可能将所有的相关考核指标都囊括其中，以便对考核对象进行全方位的考核。

第二，在具体开展高职篮球教学考核时，要有主次之分，即注重对影响篮球教学质量的主导性因素和环节进行考核。

（六）定性分析与定量分析相结合原则

高职篮球教学实践是十分复杂的过程，不可能全面量化，必须从实际出发，辅之以主观的资料和描述性的分析，才能使教学考核既合情又合理，更真切地反映考核对象的实际情况。因此，在进行高职篮球教学考核时，既需要定性分析，又需要定量分析，而且还要把两者有机地结合起来。

（七）可行性原则

可行性原则是指高职篮球教学考核要在保证导向正确、科学合理的前提下，尽量简便易行，有利于教学考核的推广和实施。高职篮球教学考核的目的是促进学生的全面发展，帮助教学改革、推动教学发展，其价值在于方便运用。某些细致而周密的考核方案，却需要投入大量的人力、物力，只会令人"望而生畏"而无法推广。

高职篮球教学考核中要贯彻可行性原则，应特别注意以下几个方面。

第一，常规性篮球教学考核在保证正确性和科学性的前提下,其指标体系必须少而精。

第二,要从篮球教学实际的需要和条件出发,进行分类考核、分层次考核。

第三,考核的组织机构要精干,考核人员素质要高,客观公正,收集信息、处理信息的方法要全面、合理而有代表性。

二、高职篮球教学考核的内容

高职篮球教学考核的内容,主要是根据培养目标、教学大纲所规定的考核范围和方式,对不同年级、不同教学对象、不同教学阶段的具体要求,结合篮球运动本身的规律,各项技术、战术在比赛中的位置与作用,选择那些最基本的、常用的、重点的技术、战术和理论知识。此外,教学、训练、组织竞赛与裁判工作能力的考核,也是高职篮球教学考核的重要内容。

根据培养目标与教学计划的不同,高职篮球教学考核的内容及其比重也存在一定的差别,应该有所侧重(表5-1)。

表 5-1　高职篮球教学考核内容及其比重

分类	比重(%)	内容
理论考核	30	篮球运动基本知识 篮球技战术的基本理论知识 篮球竞赛的组织与编排 篮球竞赛的规则与裁判法
实践考核	40	篮球初级技术(移动技术、运球技术、传球技术、接球技术) 篮球高级技术(持球突破技术、投篮技术、抢篮板球技术、防守技术) 重点战术(基础战术配合、快攻战术、半场人盯人战术、全场紧逼战术、区域联防战术)
能力考核	20	教学实习 裁判实习 篮球竞赛组织能力 实战中对篮球技战术的运用能力

分类	比重(%)	内容
平时考核	10	考勤(迟到、早退、请假) 课堂表现(回答问题的积极性、回答问题的准确性) 课外作业(作业完成质量)

三、高职篮球教学考核的要求

在开展高职篮球教学考核工作时,只有切实遵循以下几方面的要求,才能确保高职篮球教学考核取得良好的成效。

(一)要切实从实际出发进行高职篮球教学考核

高职篮球教学考核的开展,必须要从实际出发,切实依据篮球教学的培养目标、任务、要求以及学生的身心发展特点对考核的内容、方法等进行合理选择。

(二)要加强对学生的思想教育

加强对学生的思想教育,可以使学生形成对待篮球教学考核的正确认识与态度,继而严格遵守考试、考查的纪律。

篮球教师在日常开展教学工作时,应该有目的地对学生进行思想教育,使其不论是在课堂学习与训练中,还是在实际的篮球比赛中都能够切实遵守纪律,以养成遵守纪律的习惯。这样一来,对学生进行篮球教学考核时,便能确保考核结果的真实性和准确性。

(三)要进行考核原始资料的有效积累

篮球教师在开始课程教学之前,要明确告知学生本课程的考核内容、方法以及具体要求等,从而帮助学生有重点地进行学习。在这一过程中,篮球教师还应定时进行摸底测试,以获得丰富的原始资料与相关数据,为日后制定具体的考核标准提供重要的依据。

（四）要确保高职篮球教学考核形式的合理性

在开展高职篮球教学考核时，对于理论知识的考核，应通过组建阅卷小组，分工进行阅卷的形式来实现。通常而言，理论知识的考核以 100 分为满分，并要具体明确得分以及减分的标准。对于学生篮球实践能力的考核，应通过考核小组考核的方式来实现。考核小组应由 3～5 人构成，每个成员依据评分标准各自进行评分，之后取平均值确定学生最后的考核成绩。

（五）要及时对高职篮球教学考核结果进行反馈

对于高职篮球教师来说，一旦教学考核结束，就需要对教学考核结果进行反馈。在这一过程中，要特别做好以下两方面的工作。

第一，篮球教师要及时将教学考核的结果反馈给学生，让学生明确知道自己的强项与存在的不足，继而有针对性地进行学习、提高。

第二，篮球教师要及时将教学考核的结果对自己的教学进行反思，找出需要进行改进的地方以及改进的方法，继而确保篮球教学质量能够不断得到有效提高。

第三节　高职篮球运动教学考核的形式与方法

一、高职篮球教学理论考核的形式与方法

（一）高职篮球教学理论考核的形式

在高职篮球教学考核中，理论考核的形式主要有两种，即口试和笔试。

1.口试

口试以考核学生对篮球基本技术、战术的讲解、示范、教学方法、训练方法、纠正错误动作的能力为主。此外,通过口试也可以了解学生对问题进行分析与解决的能力以及言语表达的能力。

在具体运用这一方式进行理论考核时,可采用抽签定题的方法,给学生 10 分钟的准备时间,然后让学生对所抽问题进行回答。此外,课堂提问也是进行理论考核时常用的一种方法。

2.笔试

笔试可采用开卷、闭卷两种形式。其中开卷考试主要考核学生自学理解能力、收集各种信息的能力以及掌握知识面的广度;考核学生分析、综合、融会贯通,运用所学理论知识的能力;考核学生掌握专业知识的深度和广度,以及分析问题的哲理性、正确性和创造性。闭卷考试主要考核学生应掌握的篮球基础理论知识及运用所学理论知识分析、综合、解决问题的能力,试题应覆盖大纲规定的理论教材的基础内容,题型可采用多种形式的命题方式,如填空、鉴别、选择、概念、论述、计算、绘图和自我立论等形式。

(二)高职篮球教学理论考核的方法

在当前,随着篮球课程改革的不断深化,理论考核的笔试方法也不断得到完善和充实,目前常采用的方法有以下几种。

1.统考的方法

目前,评价教学质量和效果常采用的方法是统考。统考与常规的各校任课教师自身命题相比,具有客观性和可比性的优点,后者尽管也符合考试原则,但难以用来进行校际之间的比较;而统考有统一的标准,便于以它的结果来进行比较和选优。

统考如果在试题、评分等方面处理不当,也不一定能达到较高的信度和效度。因此,对统考只有在一定条件下进行才是客观可信的。

在高职篮球教学的理论考核中,运用统考的方法要特别注意以下几个方面。

第一,统考课程的范围要严格掌握,慎重选定。

第二,统考的考题,或从试题库中提取,科学组合,或采取教、考分离的方法(即任课教师不参加出题),请资深的教师命题,并对试题内容效度做出评价,以求符合教学要求。

第三,统一或进行阅卷评分,或按标准答案及评分标准由各校自评。

2.标准样题的方法

标准样题是指有关课程指导委员会指定某些专家教师,根据该课程的基本教学要求,提出标准性考试命题,各校在对该课程进行测试时必须参照标准样题另行命题(不宜直接应用标准样题),也可以根据各校自身实际情况命题。

在高职篮球教学的理论考核中,运用标准样题的方法具有一定的优势,具体表现在以下几方面。

第一,标准样题的方法规定了统一要求,有样题作样板,其考试结果的可靠性和有效性都比较好。

第二,标准样题的方法允许各校依据自身实际进行命题与组织考试,继而更好地开展日常的篮球教学活动。

第三,标准样题的方法表明学校充分信任篮球专业的任课教师,放手让他们根据篮球专业课程的具体情况参照标准样题自行命题。这样,既能调动教师的积极性,又有利于发挥篮球课程的特点。

3.标准化考试的方法

标准化考试的方法也称"试题库的方法",是目前一种现代化的理论考试方法,被越来越多的学校所采用。它是利用电子计算机贮存符合篮球课程基本要求的、数量众多的、难易搭配的题目,进行考试时可以随时从计算机的贮存器里随机调出各种类型的题目组成试卷,具有以下几个鲜明的特点。

第一,有十分严格的命题程序。进行标准化考试,要按照一套严格的既定程序命题,试题在实施前,要进行定性定量分析,作出质和量的检验和审定,并要进行测试和统计分析,在难度、区分度、信度和效度几个方面检查其是否达到标准化的质量要求。

第二,有较为科学的试题设计。标准化考试题型多样,题目容量大,知识覆盖率高,考核的范围广,提高了考试的信度。标准化考试多采用客观性试题,也适当采用一定的主观性试题。客观性试题包括选择、判断、填空、概念、论述、计算、绘图等形式,主观性试题多是运用知识分析问题的论述题。

第三,阅卷评分有较强的可靠性和准确性。标准化考试中的客观性试题可采用计算机评卷,效率高、误差小,增强了考试评分的准确性。

第四,考试结果具有可比性。由于标准化考试的内容、题型和水平都比较稳定,因此不同考试的结果之间可以互相比较。这样不仅可用以评价每名学生的水平如何,而且可用来评价不同层次考试、考生群体之间的水平差异。

经过多年的篮球教学实践以及学生的实际情况证明,篮球理论考试宜采用标准化考试的方法。标准化考试的核心环节是试题的标准化,试题的内容要按照教学大纲的要求增大覆盖面,既要反映出各种不同指标的试题形式,又要增多客观性试题的比例,同时还要随时对试题的质量做多因素的定量检查,不断修改不符合要求的试题,提高编制试题的质量,从而使标准化考试更加符合学生实际和篮球教学的需要。一般而言,高职篮球运动理论试题题型及比例分配可参考表5-2。

表 5-2　篮球运动理论试题题型及比例

题型 内容	填空	鉴别	选择	概念	绘图	计算	论述	合计
篮球运动概述	3	3	2	2	0	0	0	10%
篮球技术	6	5	6	5	0	0	2	24%
篮球战术	2	4	4	4	4	0	2	20%
技、战术教学	2	3	2	3	3	0	1	14%
规则与裁判法	5	5	5	4	2	0	1	22%
竞赛组织、编排	2	2	1	2	1	2	0	10%
合计	20%	22%	20%	20%	10%	2%	6%	100%

二、高职篮球教学实践考核的形式与方法

(一)高职篮球教学实践考核的形式

高职篮球教学实践考核主要采用技术评定和达标测试两种形式,也就是定性指标和定量指标相结合的评定方法。

1.技术评定

在运用技术评定进行高职篮球教学实践考核时,最为关键的是制定技术评定的定性指标。所谓定性指标是指那些无法用具体度量单位来衡量而又必须测量的指标。在篮球教学实践中大量采用定性评价指标,各种类型篮球课程的考核中采用的技术评定(技评)就属于定性指标。根据篮球技能教学的特点,定性指标主要有两类:一类是技术动作完成的规范程度,依据预先确定的技术规格进行评定,考试时由多名教师根据学生完成技术的实际情况来评定分数;另一类是技术动作完成的熟练程度,技术动作主要环节完成的质量,主要根据教师的经验进行评定分类。因

此,定性指标的分类值通常要进行细化,使其表示技术若干环节的完成情况。

2.达标测试

在运用达标测试进行高职篮球教学实践考核时,最为关键的是制定达标测试的定量指标。所谓定量指标是指那些可以用具体度量单位来衡量的指标,如投篮命中次数、跑动速度和跳起的高度等。篮球教学中通常采用的定量指标主要有速度指标、高度指标和准确性指标三类。各类指标的选用依据考核与评价的目的而定,如测试技术动作的快与慢可采用速度指标,测试弹跳能力可采用高度指标,测量投篮和传接球可采用准确性指标。采用定量指标进行考核与评价,必须事先依据教学目的、任务和考核对象的实际学习内容制定出考试的方法和评定标准,使方法与考核对象的总体水平相适应。评分表的制定可采用统计学的方法,使分数值具有较好的区分度,能客观地反映考核对象的实际水平。

(二)高职篮球教学实践考核的方法

根据篮球教学对象不同、学时分配不同和考核的分值权重不等,考核时可选择不同的考核内容、方法及标准。下面介绍几种常用的高职篮球教学实践考核的方法及其评定标准。

1.5点投篮的考核方法与评定标准

(1)5点投篮的考核方法

5点投篮的考核方法是,以篮圈投影点为圆心,以该点至罚球线的距离为半径画圆,确定五点投篮的距离。考生从①号位置开始,按①—②—③—④—⑤的顺序投篮,每个点投两次,一共投10次,计投中次数并给出相应的技评成绩(图5-1)。

在运用这一考核方法时,以下几个方面要特别予以注意。

第一,男生在投篮时必须采用跳投的方式,女生可以采用在原地单手肩上投篮的方式。

第二,投篮时脚要保持在投篮线之外,且投球准备时间不能超过 5 秒。

第三,在投篮之后要及时抢篮板球。

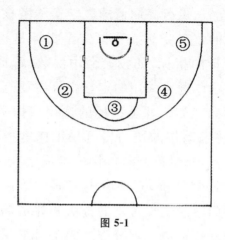

图 5-1

(2)5 点投篮的评定标准

5 点投篮的评分参考标准和动作规格评定参考标准具体见表 5-3 和表 5-4。

表 5-3　5 点投篮的评分参考标准

5 点投篮(10 分)				
达标(6 分)			技评(4 分)	
男	分值	女	A+	4
5	6	5	A	3.5
4	5	4	B+	3
3	4	3	B	2.5
2	3	2	C+	2
1	2	1	C	1.5
			D+	1

表5-4　5点投篮的动作规格评定参考标准

标准	等级	完成动作情况
优秀	优+	动作正确熟练、连贯、协调、有力、速度快、效果好
	优	动作正确、连贯、协调、有力、速度快
良好	良+	动作各主要环节较正确、较连贯、协调,速度较快
	良	动作各主要环节较正确,但不够连贯、协调,速度一般
及格	及+	动作各主要环节基本正确,但不够连贯、速度较慢
	及	动作各主要环节基本正确,但协调连贯性差、动作速度慢
不及格	不及格+	动作各主要环节不正确、不协调、不连贯、动作速度慢
	不及格	动作各主要环节不正确、不协调、不连贯、有明显错误

2.半场往返运球投篮的考核方法与评定标准

(1)半场往返运球投篮的考核方法

半场往返运球投篮的考核方法是,考生从球场右侧中线处开始运球,在第一立柱前做右手体前变向运球,第二立柱前做左手体前变向运球右手上篮。抢篮板球之后,右手快速运球至对侧中线处开始左手运球,在第三立柱前做左手体前变向运球,第四立柱前做右手体前变向运球左手上篮,抢球之后左手迅速运球到原处,计行进过程中投篮的命中次数并给出技评成绩(图5-2)。

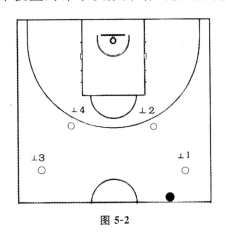

图 5-2

在运用这一考核方法时,以下几个方面要特别予以注意。

第一,在投篮时,只有保持行进且采用单手低手投篮的方式,才能得分。

第二,在投篮不中的情况下,不补篮继续进行。

第三,在运球过程中若出现失误,则在出现失误的地方继续开始。

(2)半场往返运球投篮的评定标准

半场往返运球投篮的评分参考标准具体见表5-5,动作规格评定参考标准则见表5-4。

表5-5 半场往返运球投篮的评分参考标准

半场往返运球投篮(10分)			
达标(6分)		技评(4分)	
中次	分值	成绩	分值
2	4	A+	6
1	2	A	5.5
		B+	5
		B	4.5
		C+	4
		C	3.5
		D+	3
		D	2.5

3.原地持球突破的考核方法与评定标准

(1)原地持球突破的考核方法

原地持球突破的考核方法是,考生从球场右侧中线处开始,做传接球在第一立柱处做交叉步突破上篮。完成抢球之后,运球到对侧中线处再做一次传接球在第二立柱处交叉步突破上篮(图5-3)。

在运用这一考核方法时,以下两个方面要特别予以注意。

第一,在投篮时,只有保持行进且采用单手高手投篮的方式,才能得分。

第二,每出现一次违例情况,就要在技评中扣 0.5 分。

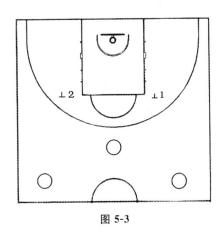

图 5-3

(2)原地持球突破的评定标准

原地持球突破的评分参考标准具体见表 5-6,动作规格评定参考标准则见表 5-4。

表 5-6 原地持球突破的评分参考标准

原地持球突破(10 分)			
达标(4 分)		技评(6 分)	
成绩	分值	成绩	分值
2	4	A+	6
1	2	A	5.5
		B+	5
		B	4.5
		C+	4
		C	3.5
		D+	3
		D	2.5

4. 双手胸前传接球的考核方法与评定标准

（1）双手胸前传接球的考核方法

双手胸前传接球的考核方法是，两人为一组，相距 4～5 米，做全场传接球上篮，抢到篮板球后再传回原处（图 5-4）。

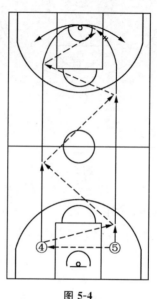

图 5-4

在运用这一考核方法时，以下两个方面要特别予以注意。

第一，在投篮不中的情况下，必须迅速补中。

第二，在传接球中若出现失误，则在出现失误的地方继续开始，且要在技评中扣 0.5 分。

（2）双手胸前传接球的评定标准

双手胸前传接球的评分参考标准具体见表 5-7，动作规格评定参考标准则见表 5-4。

表 5-7　双手胸前传接球的评分参考标准

双手胸前传接球技评（10 分）							
成绩	A+	A	B+	B	C+	C	D+	D
分值	10	9	8	7	6	5	4	3

5.三角形滑步的考核方法与评定标准

(1)三角形滑步的考核方法

三角形滑步的考核方法是,考生前脚站在 A 点上出发,同时开始计时,做滑步至 B 点,做撤步滑至 C 点,做侧滑步至 A 点,往返两次停表(图 5-5)。

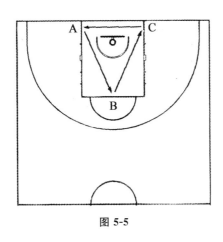

图 5-5

在运用这一考核方法时,以下几个方面要特别予以注意。

第一,必须滑步,若出现跑的情况则属于违例。

第二,在滑步时脚必须要接触到线,否则属于违例。

第三,出现一次违例情况,要在技评中扣 0.5 分。若是出现两次违例情况,则不计分。

(2)三角形滑步的评定标准

三角形滑步的评分参考标准具体见表5-8。

表 5-8　三角形滑步评分参考标准

分值		10	9	8	7	6	5	4	3	2
标准 (秒)	男	10	10.5	11	11.5	12	12.5	13	13.5	14
	女	12	12.5	13	13.5	14	14.5	15	15.5	16

三、高职篮球教学基本能力考核的形式与方法

高职篮球教学基本能力的考核不论是对体育教育的专修课，还是对运动训练的专业课来说都是一项比较复杂又十分重要的工作。能力的考核与评定不是主观随意的，它主要是以专业培养目标为依据，以教学训练的目的、任务和要求为标准，在全面考核的基础上，对学生个体发展和实践效果进行衡量并作出价值判断的过程。基本能力考核工作由于它的复杂性和任务的多样性，往往使得它从不同的侧面反映出来，表现为一个由多种因素组成的综合体。因此，为了使能力考核与评定具有客观性和可操作性，首先应将各种指标体系条理化和数量化，合理确定它在成绩中的比重，然后依据各部分内容的评分细则按百分计分法计算出各部分内容的成绩。

(一)学生组织教学训练能力的考核

可以采用让学生代准备活动课的部分实习以及全课的实习，也可以采用抽签定题。学生根据要求备课后，在规定的时间内组织实施。可以实习 25 分钟，也可以实习 45 分钟。由教师 3～5 人组成考评小组，根据学生的教案、讲解示范、组织教法、教学训练方法手段的选择、运动负荷的安排等综合评定。

(二)学生裁判工作能力的考核

学生裁判工作能力的考核主要是根据国家等级裁判员理论与实践的考核，从以下三个方面进行考核。

第一，组织竞赛的能力。可以采用作业的形式制定比赛规程和安排比赛日程表。

第二，记录台工作能力。可以通过教学比赛和正式比赛现场操作的形式。

第三，裁判员实际执场的考查。主要是采用教学比赛，通过

学生的现场实践进行考核,具体见表 5-9 和表 5-10。

表 5-9　篮球二级裁判员考试内容与评定参考标准

等级 内容	优秀		良好		及格		不及格		主要评分 内容与要求
	优＋	优	良＋	良	及＋	及	不及 格＋	不及 格	
违例									宣判及时、准确,违例种类清晰、罚则运用正确
犯规									宣判及时、准确,犯规种类清晰、罚则运用正确(记录错、漏、反判)
形象 手势 气质									形象、气质如何;手势是否规范标准;情绪是否沉着、冷静;处理突发事件的能力
运用规则的合理性和一致性									对规则理解是否清晰、准确;判罚与事实是否一致、准确
裁判法									分工与配合是否清楚,选位、移动、罚球配合、计时、抛球等

表 5-10　篮球二级裁判员考试评分参考标准

违例 (20 分)		犯规 (20 分)		裁判法 (30 分)		形象、手势、 气质(10 分)		运用规则的合理性 和一致性(20 分)	
A＋	20	A＋	20	A＋	30	A＋	10	A＋	20
A	18	A	18	A	27	A	9	A	18
B＋	16	B＋	16	B＋	24	B＋	8	B＋	16
B	14	B	14	B	21	B	7	B	14
C＋	12	C＋	12	C＋	19	C＋	6	C＋	12
C	10	C	10	C	16	C	5	C	10

续表

违例 （20分）		犯规 （20分）		裁判法 （30分）		形象、手势、 气质（10分）		运用规则的合理性 和一致性（20分）	
D+	8	D+	8	D+	13	D+	4	D+	8
D	6	D	6	D	10	D	3	D	6

（三）学生技战术实践能力的考核

在对学生技战术实践能力进行考核时，可以采用半场三对三或全场五对五的比赛，教师组成3～5人的考评小组，分别对场上的队员进行考核。

（四）学生制定训练计划文件能力的考核

在对学生制定训练计划文件的能力进行考核时，主要采用作业的形式，根据某队的情况制定出训练计划，然后根据计划评定成绩。

第六章　篮球技术教学方法的设计

篮球技术是战术的基础,通过技术训练,能够有效提高运动者的技能水平,从而为战术训练奠定良好的基础。因此在篮球运动训练中,应加强技术训练,设计科学有效的训练方法来提高篮球运动员的技术能力水平。

第一节　篮球技术基本理论

一、篮球技术的概念

关于篮球技术的概念,可以从动作方法和实际运用两个方面进行界定。

第一,从动作方法方面来看,篮球技术是指运动员为了进攻与防守所采用的专门动作方法,是动作模式的理想化形式,是规范化了的动作模式,在动作方法上具有专门性和合理性。

第二,从实际运用方面来看,篮球技术是指在篮球比赛的对抗当中对专门的篮球动作进行实际运用的能力。从这一点来说,篮球技术不仅是重复篮球动作模式,同时还是篮球运动员对篮球运动行为与操作技巧进行的一种有意识的运用,具有技巧性和实效性。

二、篮球技术的特点

篮球技术具有显著的特点,概括来说,这些特点主要包括以下几方面。

(一)随机应变

篮球技术具有相对稳定的动作环节,这是其与其他运动技术的相同点。篮球技术具有其自身的随机应变性,随着环境的变化而发生变化,随着对手的变化而有所变化,并为了应对变化需要及时做出应答动作的开放性技能。要求运动员在攻守对抗的各种不同条件下去随机应变组合动作,创造性地完成攻守任务。

(二)动静结合

篮球竞赛本身就是一个攻守对抗的动态过程,一切篮球技术都是在动态和对抗中操作,快速、准确、实用、多变,充分表明了在争取时空主动上的合理性和创造性,两者的结合则是篮球技术的又一特征。

(三)人球合一

篮球技术最显著的特点就是运动员用手直接控制与支配球,并将手与全身协调配合组成各种专门动作,最后通过手部的动作控制、支配球的运行和争夺获球,使身体动作与控制支配球融合为一体,展现出篮球技术的魅力。

(四)规范差异结合

在符合科学原理的规范性的情况下,也要根据实际情况突出个体的差异性,相互结合。在训练与比赛中不能强求动作外形的模式,而要讲求实效。规范性与个体差异相结合的特征,也是其他竞技运动项目技术共同具有的特征,只是篮球技术更加突出这方面。特别是一些具有技术特长的运动员往往也不是很规范。

三、篮球技术意识的培养

篮球技术意识的培养主要是指在篮球的技术训练过程中,将篮球意识的培养渗入,这是篮球意识培养的重要方面之一。具体来说,要想对篮球运动员技术意识进行培养,要将重点放在篮球对抗意识上。需要培养的主要有两个方面:一个是观察能力,一个是分析判断能力。

(一)培养观察能力

在篮球比赛中,运动员对任何一个技术动作的运用与应变的决定性因素在于能否周密地瞬间做出正确的观察。因此,为了对运动员的视觉选择能力进行更好的培养,就要求加强对其观察习惯和观察能力的培养,使其视野训练进一步加强。

(二)培养分析判断能力

篮球运动员分析判断能力的培养可以通过技术动作的实战运用训练得以实现。基本技术中的每个动作方法都有其特点、应用范围、条件及"规格"标准,在比赛中所具有的战术价值也都相对较为独特。这些不仅是运动员在比赛中意识活动的物质基础,同时也是技术训练中培养运动员篮球意识的重要内容。

第二节　传接球技术学练方法设计

一、传接球技术动作解析

传球和接球是篮球技术中的重要内容之一。熟练的接球和及时准确的传球能密切队员在进攻时的相互关系,并能为获得良好的进攻时机创造有利条件,所以传球和接球技术是组织配合的纽带和桥梁。

(一)传球技术动作解析

传球是篮球运动中运用最多的一项重要技术,是篮球比赛中进攻队员之间有目的地转移球的方法,是进攻队员在场上相互联系和进攻形成战术配合的纽带,是衡量运动员支配球能力的一项标志,也是实现战术配合目的的具体手段。传球技术掌握的好坏,直接影响战术质量的优劣和比赛的胜负。下面主要对双手胸前接球和单手肩上传球的技术动作方法进行简要分析。

1.双手胸前接球

两手手指自然分开,拇指相对成"八"字形,持球的两侧用指根以上部位持球,掌心空出,两肘自然弯曲于体侧,将球置于胸腹之间的部位,身体成基本站立姿势。传球时,发力于脚趾,后脚前脚掌蹬地,重心随之前移,两臂迅速向传球方向伸出,拇指用力下压,手腕前屈,食、中指用力拨球,前臂内旋将球传出(图6-1),球出手后身体迅速调整成基本站立姿势。传球距离近,前臂前伸的幅度小;距离远的传球,则需加大蹬地、展腰、伸臂和向前跨步的全身协调用力。双手胸前传球有原地和行进间跑动中进行。

图6-1

2.单手肩上传球

单手肩上传球是单手传球中最基本的一种传球方法。右手传球时,左脚在前,左肩侧对传球方向,同时将球引至右肩上方,肘部外展,上臂与地面近似平行,手腕后仰托住球的后下方,重心落在右脚上,用右脚前掌蹬地,向左扭腰转肩,带动右前臂迅速向前挥摆,并扣腕拨球,通过食指、中指用力拨球将球传出,要有明显的屈腕鞭打动作。球出手后,右脚随着身体重心前移,保持基本站立姿势(图 6-2)。

图 6-2

(二)接球技术动作解析

接球是篮球运动中的重要技术之一,其目的是获得球和控制球,是抢篮板球和抢断得球的基础,也是衔接运球、投篮、传球等技术的关键,主要接球技术分为单手接球和双手接球两种。

1. 单手接球

单手接球控制范围大,能接不同方向的来球,特别是接高空球和距身体较远的来球有较大优势。接球时,五指自然分开,掌腕微屈成勺形,接球臂向来球方向伸出,两眼注视来球,当球触手指时,手臂顺势随球下引并向内收,另一手迅速跟上护球,双手将球拉至胸腹之间,保持持球姿势(图 6-3)。

2. 双手接球

双手接球是一种最基本的接球方法,也是在篮球比赛中运用最多的动作方法之一。接球时,五指自然分开,两拇指相对呈"八"字形,掌心斜向前呈半圆形,以掌外侧小拇指一侧斜对球,两臂伸出主动迎球,两眼注视来球,当手指触球时,手腕内屈,两臂随来球迅速后引以缓冲来球的力量,两手握球于胸腹之间(图 6-4)。

图 6-3

图 6-4

二、传接球技术动作学练

传接球技术动作有很多,限于篇幅,这里仅对以下几种进行简要阐述。

(一)双手胸前向上传、接球练习

1.练习目的

体会手指、手腕传球时的发力程度。

2.练习方法

人手一球原地双手胸前向上传球,然后双手胸前接住;进行

20～30 次后放松再继续练习。

3. 注意事项

第一,尽量用手指、手腕抖动的力量传球。
第二,球必须从双手的指尖传出。

(二)双手胸前对墙传、接球练习

1. 练习目的

提高双手胸前传球的速度、力量和耐力。

2. 练习方法

队员人手一球,在离墙 3 米处画一条线,队员站在线外,向墙上做双手胸前传、接球练习,60 秒为一组,计传球次数。全队分两组,轮换练习。

3. 注意事项

第一,必须用双手胸前传球。
第二,注意正确的传球方法。
第三,传球时脚不要触线。

(三)双手胸前"拉锯式"传、接球练习

1. 练习目的

练习双手胸前传、接球的方法。

2. 练习方法

全队分若干组,每组两人共用一个球,等距离站在球场上。练习时,两人间距一臂面对面站立,共持一个球,队员按双手胸前传球的方法和要领做传球动作,另一名队员按双手胸前接球的方

法和要领做接球动作。做完传球做接球,传、接球交替进行,但始终球不离手,如同"拉锯";每人进行 30～50 次后放松再继续练习。

3.注意事项

第一,两腿弯屈成基本站立姿势。

第二,体会握球、传球、接球时的手法和指法,体会两臂传、接球的用力方向。

(四)60秒双手胸前传、接球练习

1.练习目的

第一,提高传、接球的速度,特别是球出手的速度。

第二,提高队员练习的兴奋性。

2.练习方法

每组两人间距 5 米共用一个球,全体队员分若干组等距离分散站在球场上。听到信号后,开始相互传球,60 秒内看哪组传球次数最多(两人总次数相加)。

3.注意事项

第一,按双手胸前传、接球的方法和要领练习,不要有附加动作,接球就传。

第二,传球到位,球走直线。

(五)横向移动接、传球练习

1.练习目的

培养队员上步找球、接球的习惯。

2.练习方法(图 6-5)

每组三人呈三角形站立,其间距为 5～6 米。练习时,①向左侧起动跑接②的传球急停(一步两步急停均可)后再回传②;然后向右侧起动跑接③的传球急停后再回传给③……每组连续做 10 次传、接球练习,三人站位互相轮换,每人在①的位置上完成若干组练习。

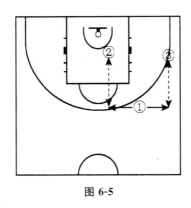

图 6-5

3.注意事项

第一,移动接球时,前几步可以横滑步,也可以起动跑,但最后迈步伸手接球时,一定要急促地跨跳,迎上接球。

第二,接球成基本站立姿势后,再把球传出。

(六)三人传两个球练习

1.练习目的

第一,提高手指、手腕快速抖动的能力。

第二,提高快速传、接球的技术。

2.练习方法(图 6-6)

每组三人共用两个球,②、③与①的间距为 5～6 米,每半场安排两组。练习时,②、③各持一球分别传给①,①接到对方的球再回传给对方,一分钟后放松休息,然后与①轮换。每人在①位置上做若干组练习。

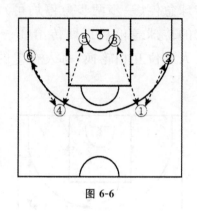

图 6-6

3.注意事项

第一,①接球后立即将球传出,①球离手后,另一个球应马上传到①的手中。快速传球时应注意手指、手腕的抖、翻、拨动作。

第二,各种传球、接球方式,应按教练员的要求进行选择。

（七）接困难球练习

1.练习目的

提高队员接各种困难球的能力,同时提高队员的反应能力和灵活性。

2.练习方法（图 6-7）

队员人手一球,①传球给⊗时,面对篮准备接⊗的回传球。⊗回传前、后、左、右、高、低等不规则的球,造成①接球困难,但要求①把球接住,接球后做瞄篮、突破假动作后再回传给⊗,每组练习 5~10 次换下一名队员。全体队员也可在两个半场同时练习。

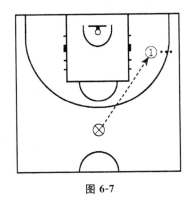

图 6-7

3.注意事项

第一,队员每次都要努力把球接住,接球时及时调整身体平衡,控制好重心。

第二,每次接球前都要回到原来的位置。

(八)面对面行进间双手胸前传、接球练习

1.练习目的

掌握行进间面对面传、接球的方法。

2.练习方法(图 6-8)

全体队员分两组,两组排头①与②共用一个球,间距约 12~15 米(为了便于组织两组可分别站在弧顶后)。练习时,①双手胸前传球给迎面跑来的②后,快速跑到对方队尾;②行进间接球后快速传给迎面跑来的③后跑到对方队尾。依次连续进行。

3.注意事项

第一,用双手胸前传、接球。

第二,对方队员接到球后起动要快。

第三,接球时第一步要跨步,迈第三步时将球传出。

第四,手脚要配合好,不要走步。

第五,保持好两队间的距离。

第六,掌握好面对面传球的力量和速度。

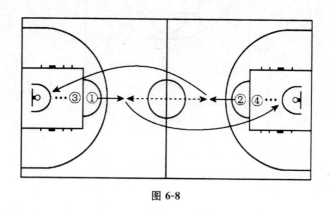

图 6-8

(九)四角直线双手胸前传、接球练习

1.练习目的

第一,掌握跑动中传、接球的方法。

第二,提高行进间快速传、接球的能力。

2.练习方法(图 6-9)

全体队员分四组共用一个球,①传②、②传③、③传④、④再回传①,依次连续进行。传球队员传球后就跑到接球队员队尾。

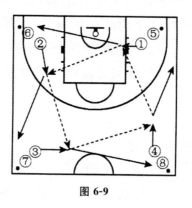

图 6-9

3.注意事项

第一,必须用双手胸前传、接球,球走直线。

第二,对方接到传球时起动要快,传球要到位。

第三,技术熟练后,可变成接球后立即传球。

第四,掌握练习方法后,可同时用两个球或三个球加大练习密度。

第五,为集中注意力,采用多球练习时,要求连续传若干次或若干时间不准失误,如有失误,重新开始。

(十)插中接应与长传球练习

1.练习目的

学习并掌握插中接球和长传球的技术,提高传、接球的能力。

2.练习方法(图 6-10)

全队分成四组,练习时,④手中持一球先落在右侧前锋位置上,①插中接④的传球后,立即用双手吊传给从中线快下到前锋位置上的②,②接球后,③插中接应②的传球,③接球后再双手长吊传给从中线快速到前锋位的⑤……,依次连续练习。为加大练习密度,队员掌握练习方法后可用两个球同时从两侧练习。在轮换位置时,传球队员应快速跑到接球队员的后面。

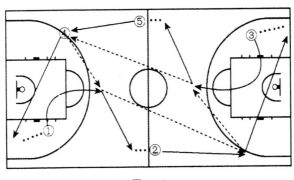

图 6-10

3.注意事项

第一,上一名队员接球后,再快速起动插中或快下。

第二,在快速跑动中完成传、接球技术。

第三,传球要到位。

(十一)直线跑动传、接球练习

1.练习目的

促进运动员行进间传接球速度的提高。

2.练习方法(图 6-11)

两名队员一组,若干组队员从两侧同时进行练习,下一组队员在上一组队员过中线后开始练习。中轴是界限,不要越界,以免相互发生碰撞。

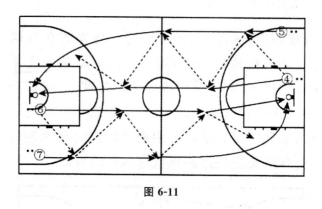

图 6-11

3.注意事项

第一,传球要到位。

第二,传、接球时要以最快跑速完成。

第三,每组传 5 次或 3 次球,不允许运球,投篮后不要使球落地。

（十二）传球两人防守的练习

1.练习目的

提高运动员在有防守情况下的传、接球技术。

2.练习方法（图 6-12）

　　五名队员为一组,三名队员传球,两名队员防守。将所有队员分成三组,三组队员分别在三个跳球圈中同时练习。传球队员在传球时,如果被防守队员的手碰到球,则该传球队员在防守位置防守,防守队员成为传球队员。

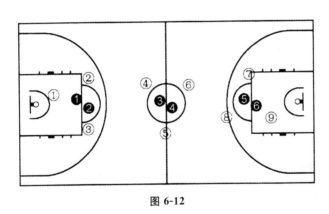

图 6-12

3.注意事项

第一,传球队员必须用一脚将跳球圈的线踩住。
第二,用假动作伺机传球。
第三,隐蔽传球意图,快速完成传球动作。

（十三）全场二对二的传、接球练习

1.练习目的

促进运动员在有防守的情况下摆脱防守并传接球的能力的

提高。

2.练习方法（图 6-13）

四名队员一组，两攻两守。进攻队员传球后摆脱空切，或做摆脱斜插接球，将球推进到对侧上篮，返回时进攻队员与防守队员交换位置。

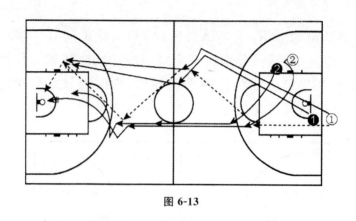

图 6-13

3.注意事项

第一，提高传、接球难度，不允许接球后运球。
第二，要快速起动完成摆脱接球。
第三，进攻队员运用假动作迷惑防守方，相互要做好配合。

第三节　运球技术学练方法设计

一、运球技术动作解析

运球的方法很多，常见的有高运球、低运球、运球急停急起、转身运球等各种运球。采用不同的运球动作的交替组合和变化运用，能使运球在比赛中更具有突然性、攻击性和实效性。

（一）高运球

微屈两腿,稍向前倾斜上体,两眼注视前方,将肘关节作为弯曲轴,自然伸屈前臂,用手腕与手指在球的后上方按拍,按拍时动作要柔和而有力(图6-14)。

图 6-14

（二）低运球

两腿迅速弯曲,重心下降,上体前倾,球的落点在体侧,用上体和腿保护球,同时,用手腕和手指短促地按拍球的后上方,使球控制在膝关节的高度(图6-15)。

图 6-15

（三）运球急起急停

运球急起时,用力将两脚后蹬,上体快速向前倾斜,起动要快速,同时,在球的后上部按拍球,人与球一起迅速向前走(图6-16)。

图 6-16

（四）转身运球

当对手右路堵截时,迅速上左脚,微屈膝,重心移至左脚,并以左脚前脚掌为轴做后转身,右手将球拉至身体的后侧方,并按拍球落在身体的外侧方,然后换左手运球,加速超越防守(图 6-17)。

图 6-17

二、运球技术动作学练

运球技术动作有很多,限于篇幅,这里仅对以下几种动作的学练方法进行简要阐述。

（一）同时运两个球练习

1.练习目的

第一,掌握各种运球方法。

第二,提高手指、手腕对球的控制能力。

第三,提高运球的协调性。

2.练习方法（图 6-18）

两人一组,共用两个球,一人运球一人休息,练习 30 秒后两人相互交换,按下列方法练习。

第一,两手高、低变换运球。

第二,两手同时做前推、后拉运球。

第三,两手同时做左、右变向运球。

第四,一手体前运球,一手体侧运球,然后两手同时变向换手运球。

第五,两腿左、右开立,两个球从胯下变向运球。

第六,从站立到坐下,再到躺下,两个球始终在身体两侧。

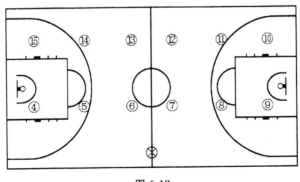

图 6-18

3.注意事项

第一,运球时不要低头。

第二,运球时眼睛不要看球。

（二）快速弧线运球的练习

1.练习目的

第一，掌握并提高弧线运球技术。
第二，提高弧线运球时变速、变向的技术。

2.练习方法（图 6-19）

全队分四组分别站在两侧端线位置。练习时，①组和②组的每名队员持球，开始由①和②运球分别绕过三个跳球圈到另一端线将球传给③和④。③和④按同样的方法运球到对面后传给下一名队员。传球方跑到接球方的队尾。依次连续练习。

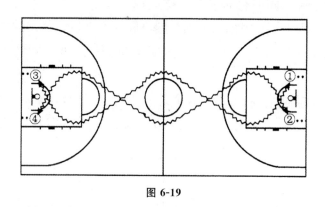

图 6-19

3.注意事项

第一，用外侧手运球。
第二，变向换手后要加速起动。
第三，运球时避免发生碰撞。

（三）全场一攻一运球加传球后摆脱的练习

1.练习目的

促进运球队员在防守中准确传球及传球后摆脱防守接球能

力的提高。

2.练习方法(图 6-20)

教练员⊗₁和⊗₂传球,每两名队员一组共用一球,一人进攻一人防守。进攻队员①从端线运球,❶防守①,①给中圈附近的⊗₁传球后,摆脱防守接回传球后,然后运球向前场行进,过中线后给在弧顶附近的⊗₂传球,摆脱防守接回传球,然后继续进攻。上一组的进攻队员过中线后,下一组再进场按同样的方法练习。攻守方交换练习。

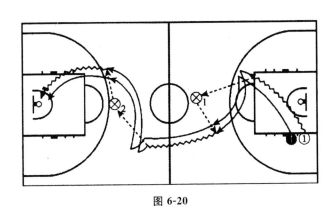

图 6-20

3.注意事项

第一,运球时对防守方以及队友的情况进行观察,伺机传、接球。

第二,运球时有意识地保护好球。

(四)全场一攻四守运球突破练习

1.练习目的

促进运动员运球突破防守的能力的提高。

2.练习方法

❶、❷、❸、❹的防守位置如图 6-21 所示,其他队员在端线外

持球站立。①运球突破❶、❷的第一道防线,然后再突破❸、❹的第二道防线,突破后迅速上篮。①过中线后,后面的队员进场练习,依次进行。若干练习后,攻守队员互换继续练习。

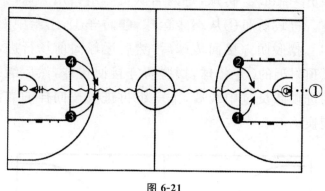

图 6-21

3.注意事项

第一,防守者不能过中线。

第二,进攻者用假动作迷惑对方,在与防守方接近时伺机加快速度突然突破。

(五)行进间接球转身运球突破的练习

1.练习目的

促进运动员运球突破防守队员的能力的提高。

2.练习方法(图 6-22)

①拉开边线接球,运用前转身或后转身运球突破的方法突破❶的防守。

3.注意事项

第一,选择前转身或后转身的方法时要以防守队员的位置为依据。

第二,转身放球时肩部要有意识地护球。

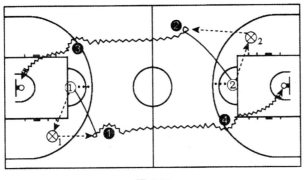

图 6-22

(六)运球中突然传球的练习

1.练习目的

促进运动员运球时防止夹防意识的提高,使运动员对突破夹防的方法和技术加以掌握。

2.练习方法(图 6-23)

①和②在后场边线位置组织进攻,❶和❷分别对两名队员进行防守。其他队员两人一组,一攻一守。如③运球❸防守,❸将③的中路堵上,迫使③运球到边路,从而在中场附近与❷夹击③,③在对方还未形成夹击时,突然给②传球,②发起进攻。④一侧的练习方法与①相同,攻守方互换位置练习。

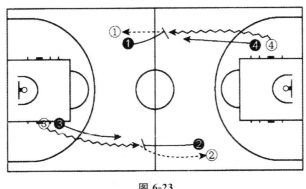

图 6-23

3.注意事项

第一,运球时对防守方的意图和方法加以观察,灵活应变。

第二,在防守方还未形成夹防时及时传球。

第三,注意将自己的意图和传球目标隐蔽起来,迅速果断传球。

第四节　投篮技术学练方法设计

一、投篮技术动作解析

投篮是指队员在场上将球投入篮圈的专门技术动作,是篮球比赛中完成进攻目的、得分的关键性技术和唯一手段,是所有进攻技术、战术的最终目的和全部攻守矛盾的焦点。下面主要对几种常见的投篮技术进行简要阐述。

(一)原地单手肩上投篮

(以右手投篮为例)双脚原地平行或稍前后开立,右脚稍前,身体重心落在两脚之间,屈肘,手腕后仰,掌心向上,五指自然分开,前臂与地面接近垂直,持球于右眼前上方,左手扶球的左侧下方。两膝微屈,上体放松并稍后仰,目视瞄准点。投篮时,下肢蹬伸,脚趾发力,同时依势伸腰展腹,抬肘上伸前臂,手腕用力前屈,以食、中指拨球,最后使球从食、中指指端投出,身体重心随球上升,有自然跟进动作(图 6-24)。

(二)行进间单手高手投篮

(以右手投篮为例)当球在空中时,右脚向投篮方向跨出一大步,同时伸臂接球,右脚着地后,左脚向前跨出一小步,脚跟先着地,上体稍后仰,然后迅速过渡到前脚掌着地,并用力蹬地起跳,右腿屈膝上提,左脚蹬离地面。同时双手向前上方举球,腾空后,右臂继续向前上方伸展,左臂离开球做好保护动作,当接近最高点时,右手腕前屈,食、中指用力拨球,通过指端将球投出。投球出手后,两脚同时落地,两腿弯曲(图 6-25)。

图 6-24

图 6-25

二、投篮技术动作学练

投篮技术动作有很多,限于篇幅,这里仅对以下几种动作的学练方法进行简要阐述。

(一)单脚起跳单、双手扣篮

1.练习目的

第一,掌握单、双手扣篮技术。

第二,提高弹跳力。

2. 练习方法(图 6-26)

队员人手一球在左侧后卫或前锋位置上,用右手运球做单脚起跳,单手或双手扣篮后自己抢篮板球排队尾。

图 6-26

3. 注意事项

运球距离一般 5～8 米。

(二)双脚起跳扣篮

1. 练习目的

第一,掌握双脚起跳扣篮的技术。
第二,提高弹跳力。
第三,提高高大队员身体灵活性和脚步灵活性。

2. 练习方法(图 6-27)

限制区两侧三米处和罚球线的地上各放一个篮球。练习时队员分别从罚球线、左侧、右侧拿球转身做双脚起跳扣篮,扣篮后再把球放回原处,每组连扣 9～15 次,每人完成若干组,2～3 人轮换练习。

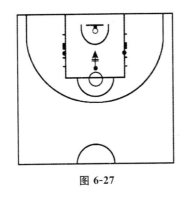

图 6-27

3.注意事项

第一,从一个放球点到另一个放球点移动要快。

第二,扣篮后必须把球放稳于原处。

(三)跟进补篮

1.练习目的

掌握行进间跟进补篮的技术。

2.练习方法(图 6-28)

两人一组,共用一个球。①②行进间传、接球,接近中线时,②运球上篮,上篮时故意不投中,①跟进空中补篮投中,之后按上述方法做返程练习。上一组到中线时,下一组开始练习。

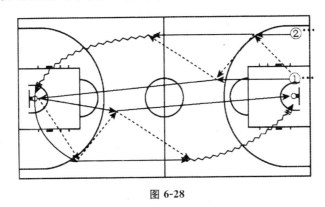

图 6-28

3.注意事项

第一,运球上篮的队员开始先慢速或中速运球上篮,待技术成熟后,再快速上篮。

第二,补篮队员应注意控制好起跳补篮的时机。

第三,补篮队员应掌握单、双脚和连续起跳补篮的技术。

(四)接球运球急停跳投

1.练习目的

提高运球急停跳投的命中率。

2.练习方法(图 6-29)

两人一组,共用一个球。开始时,①在三分区外运球,在中距离或远距离的位置上急停跳投后冲抢篮板球传给②,然后再跑回原来开始运球的位置。②接球后快速运球急停、跳投、冲抢篮板球、传球给①后跑回原来运球的位置。和②依次连续进行,在规定时间里记录投球的次数和命中率。

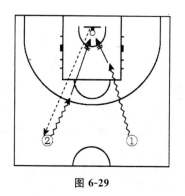

图 6-29

3.注意事项

第一,急停跳投应该在中速或快速运球中。

第二,急停要突然、起跳要快速。

(五)接球单手肩上跳投

1.练习目的

掌握接球后跳投的动作方法。

2.练习方法(图 6-30)

两人一组,共用一个球。练习时,教练员⊗站在前锋的位置上传球给①,①在罚球线附近接⊗的回传球后单手肩上跳投,队员按顺序练习。

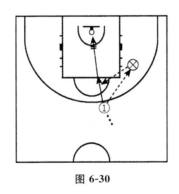

图 6-30

3.注意事项

第一,接球时可采用一步或两步急停,急停后立即屈膝,急停的结束就是起跳动作的开始。

第二,起跳、举球和球出手整个技术动作要连贯。

(六)全场推进后投篮

1.练习目的

促进运动员在全场快速推进中投篮命中率的提高。

2.练习方法(图 6-31)

两名队员直线传球推进,到弧顶附近中投。全场以中轴为界分开,两组队员同时进行练习,为加大练习密度,在上一组过中线时,下一组开始练习。

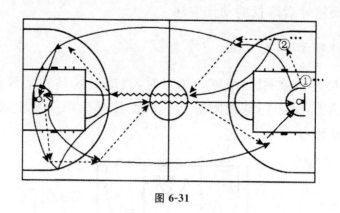

图 6-31

3.注意事项

第一,要快速传球推进。

第二,快跑中接球急停时,应将身体重心控制好,促进投篮准确性的提高。

(七)自投自抢投篮比赛

1.练习目的

对运动员的竞争意识与集体主义精神进行培养。

2.练习方法(图 6-32)

将全体队员分成四组,分别在两个半场投篮。开始比赛时,每组排头队员持球自投自抢篮板球,抢到后给同一个半场另一组前面的队员传球,传球后跑到接球队员的队尾。即①给②传球后跑到②队队尾。②接球后自投自抢篮板球,抢到后给③传球并跑到③队尾,依次连续。另一个半场同样按这样的方法练习。

先投中 30 个球的一组优胜,比 3 局或比 5 局,3 局 2 胜或 5 局 3 胜来判断结果。

教练员应提前在投篮处画线,规定投篮队员投球前不准踏线,否则算犯规,这样可以保证每组队员机会和条件的相等。

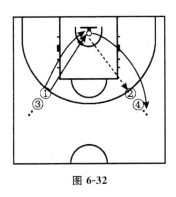

图 6-32

3.注意事项

第一,每组都要按顺序投篮。
第二,投篮后自己抢篮板球,每组投篮都是用一个球。

(八)篮下对抗投篮

1.练习目的

在篮下激烈对抗的情况下,提高抢篮板球的能力和投篮的准确性。

2.练习方法(图 6-33)

三人一组,共用一个球,⊗向篮板掷球,队员①②③同时抢篮板球,抢到球的队员落地后立即投篮,其他两名队员积极封盖。如果投篮命中,则把球传给⊗重新开始;如果未命中,三人再抢篮板球,直至投中重新开始。投中篮得一分,看谁先得 20 分。

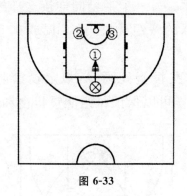

图 6-33

3.注意事项

第一,抢到篮板球必须落地后再投篮。

第二,防守队员在不犯规的前提下,尽量以较大的身体接触和力量防守投篮。

第三,投篮队员应注意与对方争夺有利位置。

第四,投篮队员应注意在情绪和心理上不受对方激烈防守的干扰。

(九)抢 30 分投篮比赛

1.练习目的

第一,促进运动员竞争意识的提高,有效培养运动员的集体主义精神。

第二,使运动员在胜负压力下准确投篮。

2.练习方法(图 6-34)

三名队员一组,将所有队员分成两组,两组队员分别在罚球线两侧站立。教练员在场地上画好线,队员投篮时不能踩线。教练员发出信号后,两组的排头队员开始投篮,投中计 2 分,没投中时,可在球落地前抢篮板球再投,投中计 1 分。如果第一次投篮没中且球落地,则不计分。排头队员投篮后,给第二位队员传球,按同样的方法投篮,依次练习,先得 30 分的一组则为优胜组(图 6-34)。

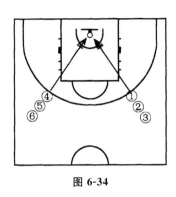

图 6-34

3.注意事项

第一,如果投篮出手前脚踩线,则按犯规处理。

第二,两组队员每次投中得分,集体报累计次数,并让另一组队员听到。

第五节　突破技术学练方法设计

一、突破技术动作解析

持球突破是指持球运动员运用脚步和运球技术超越对手的一项攻击性技术,是现代篮球进攻技战术发展的一个重要标志。下面主要对几种常见的持球突破技术进行简要分析。

(一)原地持球交叉步突破

(以右脚做中枢脚为例)左右两脚分开站立,膝盖稍作弯曲,降低身体重心,在胸腹之间持球。突破时,迅速将左脚前脚掌的内侧蹬地,稍微向右转动上体,向前下压左肩,向右前方移动重心,向右侧前方将左脚蹬地,把球引在身体右侧,蹬地并向前跨出右脚,迅速超越防守。运动员在进行原地持球交叉步突破时,应注意弯曲膝盖,降低重心,迅速将移动脚蹬地,向前跨出右脚(图6-35)。

图 6-35

(二)原地持球同侧步突破

(以左脚做中枢脚为例)当防守运动员从左侧突破时,上体积极前倾的同时,右脚迅速向右前方跨一大步,同时上体右转,左肩积极下压。左脚内侧用力蹬地,在左脚离地前,用右手推按球于右脚外侧前方,然后左脚迅速跨步抢位,加速运球超越对手。要注意起动要迅速,跨步、运球要快速连贯,中枢脚离地前球要离开手(图 6-36)。

图 6-36

二、突破技术动作学练

突破技术动作有很多,限于篇幅,这里仅对以下几种动作的学练方法进行简要阐述。

(一)运球中后转身突破上篮

1.练习目的

促进运动员在有防守的情况下运用运球中后转身突破上篮能力的提高。

2.练习方法

外线队员每人持一球在①的位置站立。①接传来的球后,试图运球超越防守队员❶,①用假动作迫使❶在自己右侧防守,然后迅速向后转身突破上篮(图 6-37)。①接球后从左侧运球,以右脚为轴向后转身突破上篮的练习(图 6-38)。

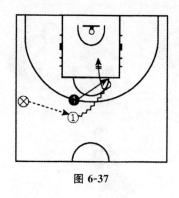
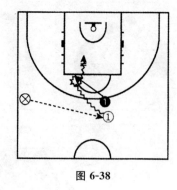

图 6-37   图 6-38

3. 注意事项

第一,根据防守情况对突破时机和方法进行选择。

第二,避免突破时走步。

第三,后转身时,与防守队员紧贴,身体将防守队员挡住,使其无法移动。

(二)移动接球跨步急停后撤步接后转身突破

1. 练习目的

提高运动员利用后撤步转身突破的能力。

2. 练习方法

①在移动中接⊗传来的球,面对篮跨步急停(图 6-39)。❶紧逼防守①并积极抢球,①前脚后撤步,转身突破上篮,外线队员按同样的方法轮流练习(图 6-40)。

3. 注意事项

第一,突破上篮时不要走步。

第二,后转身时紧贴防守队员,阻碍对方移动。

第三,保护好球。

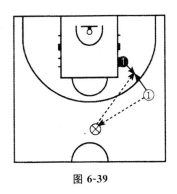

图 6-39

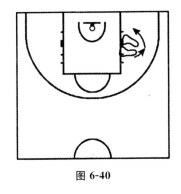

图 6-40

（三）背对篮后撤步转身运球突破上篮

1.练习目的

掌握背对篮后撤步转身突破的方法和要领。

2.练习方法（图 6-41）

①背对篮持球，后撤步转身的同时，用同侧手运球突破上篮。内线队员在内、外中锋位置上练习。

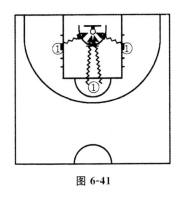

图 6-41

3.注意事项

第一，撤步要尽量靠近防守队员。

第二，注意用肩护球，不要走步。

第三，学会左、右两个方向突破。

第四,突破技术基本掌握时,可加上防守进行练习。

第五,被防守时,与轴脚一侧的肩可先做假动作,引诱防守队员向此侧移动后,再做后撤步突破。

(四)突破补防练习

1.练习目的

第一,促进运动员在有防守和补防的情况下采用突破技术的能力的提高。

第二,促进运动员突破时应变能力的提高。

2.练习方法(图 6-42)

防守队员❶与❷、❸前后相隔 2.5 米左右,❷、❸相隔 2 米左右。①接⊗的回传球突破❶的防守和其他两名对手队员的补防上篮,然后抢篮板球,完成练习后排到队尾。攻守双方交替练习。

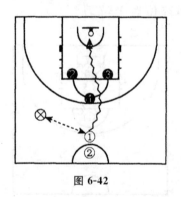

图 6-42

按同样方法在右侧和左侧的练习分别如图 6-43、图 6-44所示。

3.注意事项

第一,❷、❸之间不允许协防,防守队员防守时只能移动一只脚。

第二,进攻队员接球后,可任意从防守队员的左右两侧突破,不限步法,但运球上篮时只能运球一次。

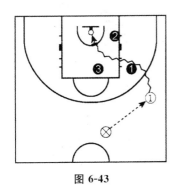

图 6-43　　　　　　　　　　　　　图 6-44

第六节　抢篮板技术学练方法设计

一、抢篮板技术动作解析

在篮球比赛进攻中,积极拼抢进攻篮板球非常关键,高效拼抢篮板球有利于争夺控球权,不仅使本队进攻次数和补篮机会增加,而且能够鼓舞队员的士气、增强队员作战信心,也能够在一定程度上震慑防守队员。下面主要对抢进攻篮板球和抢防守篮板球进行简要阐述。

(一)抢进攻篮板球

抢进攻篮板球时,一般进攻队员在防守队员外侧站立,这个位置不利于对篮板球直接拼抢。所以,本方队员投篮时,既要对球的反弹落点及时做出准确的判断,又要快速移动脚步,配合身体动作,将对手摆脱,冲抢篮板球或补篮。进攻队员必须树立拼抢意识,合理运用假动作做突然的摆脱,这样能够产生更强的攻击性。在此基础上,进攻队员可组织集体拼抢,将集体的智慧和力量充分发挥出来(图 6-45)。

图 6-45

（二）抢防守篮板球

处于篮下防守时，当对手准备投篮时，运用上步、撤步和转身等动作阻截对手，使其位于自己的身后，防守队员还要注意对有利的位置进行积极抢占。在篮下抢位挡人时，一般采用后转身挡人，降低重心，两肘外展，以抢占空间面积，并保持最有利的起跳姿势。对于处于外围的防守队员抢篮板球，当进攻队员投篮、防守队员面向对手时应观察判断对手，通过采用合理动作利用转身阻止对手向篮下移动，并抢占有利的位置。起跳进行抢球时，向上摆动两臂，同时，将两脚的前脚掌用力蹬地，尽力向球的方向伸展身体和手臂，身体和手臂伸展到最高点时，积极进行抢球（图 6-46）。

图 6-46

二、抢篮板技术动作学练

抢篮板技术动作有很多,限于篇幅,这里仅对以下几种动作的学练方法进行简要阐述。

(一)两人托球碰篮板练习

1.练习目的

掌握抢篮板球连续起跳技术和跳起后空中控球能力。

2.练习方法(图 6-47)

两人一组,共用一个球。队员①和②分别在篮圈的两侧。①跳起托球碰板后传给②,②跳起托球碰板传给①,每组连续做10~30 次后排队尾,依次连续进行练习。

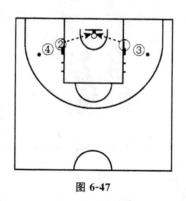

图 6-47

3.注意事项

第一,跳起时应在最高点触球。

第二,托球碰板时,单手、双手,左、右手都要练习。

第三,为了同伴能够更好地衔接,托球碰板时要控制好力量、碰板的高度以及手指、手腕的用力方向。

（二）多人连续托球碰篮板练习

1.练习目的

掌握抢篮板球时跑动中起跳的时机和空中控球技术。

2.练习方法（图 6-48）

全队分两组，各用一个球和一个篮板，每组在罚球线站一纵队，排头①向篮板上抛球后，立即跑上去跳起托球碰篮板，后面的队员依次跟进连续托球碰篮板后快速跑至队尾。完成 50～100次或要求不失误连续完成 50～100 次。

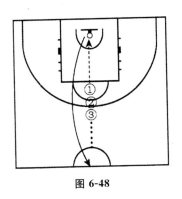

图 6-48

3.练习要求

第一，起跳在空中要控制好身体平衡。
第二，手触球在头部以上。

（三）结合投篮抢前场篮板球练习

1.练习目的

提高运动员抢前场篮板球技术的能力。

2.练习方法（图 6-49）

两名队员一组，一人投篮，一人在中距离位置上抢前场篮板球,然后直接投篮。连续若干次练习后交换位置继续练习。

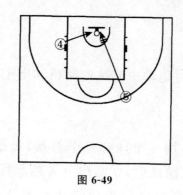

图 6-49

3.注意事项

第一,投篮队员故意投篮不中,使另一名队员有机会抢篮板球。

第二,同伴投篮时,不要先向篮下跑,应先对球的反弹方向进行判断,然后有目的地起动冲抢篮板球。

(四)挡非投篮队员抢篮板练习

1.练习目的

第一,提高挡人的意识。

第二,掌握挡非投篮队员抢篮板球的方法和挡人时机以及挡人后抢球的方法。

2.练习方法(图 6-50)

每组三人,队员②投篮,①进攻,❶挡人后抢篮板球。练5~10 次后三人轮换位置。

3.注意事项

第一,非投篮队员随时都有冲抢篮板球的可能性,因此应建立"每投必挡"的意识。

第二,挡人后,根据球反弹的方向和位置再移动起跳抢篮板球。

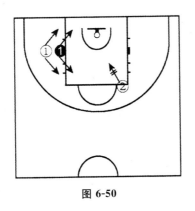

图 6-50

(五)一对一、二对二、三对三抢攻、守篮板球练习

1. 练习目的

提高运动员在实战中抢篮板球的能力。

2. 练习方法

两名队员一组,一攻一守。⊗投篮后,①从防守队员❶身后绕过冲抢篮板球,❶挡人后抢篮板球。攻守双方交换排到队尾,后面的组依次进行练习(图 6-51)。

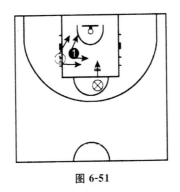

图 6-51

二对二练习、三对三练习分别如图 6-52、图 6-53 所示。

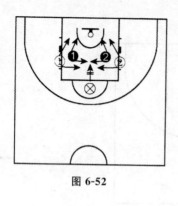
图 6-52

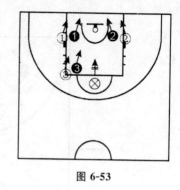
图 6-53

3.注意事项

第一,进攻队员"每投必冲抢",防守队员"每投必挡"。
第二,攻守双方都要积极争抢篮板球。

(六)罚球不中时抢攻、守篮板球练习

1.练习目的

第一,促进运动员对罚球不中时抢篮板球方法和时机的掌握。
第二,促进运动员抢篮板球投篮技术的提高。

2.练习方法(图 6-54)

六名队员一组,①、②是进攻队员,❶、❷、❸、❹为防守队员,⊗故意罚球不中,进攻队员抢篮板球并迅速投篮,如果是防守队员抢到篮板球则迅速快攻反击。攻守方交换练习。

3.注意事项

第一,将抢篮板球的时机掌握好,过早"进线"则算违例。
第二,进攻队员抢到篮板球后要迅速投篮,直至投中。

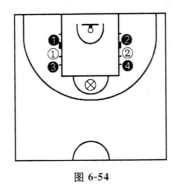

图 6-54

第七节　防守技术学练方法设计

一、防守技术动作解析

防守技术是指运动员在篮球比赛中防进攻队员从无球状态到有球状态或从有球状态到无球状态直至对方进攻结束或失去控球权的全过程,合理运用具有防御和攻击效果的动作组合。防守技术可以分为防无球队员和防有球队员两种类型。

(一)防无球队员

(以防守摆脱接球为例)进攻队员在半场范围内,通过摆脱进入有攻击威胁性的区域,准备接同伴传来的球时,防守队员组合运用几种移动步法,有效阻止、延误和破坏进攻队员接球。在全场范围内的防摆脱接球中也适合采用这一防守技术。

(二)防有球队员

进攻队员处于有球状态时,防守队员运用防守组合技术干扰、破坏其传球、运突、投篮等攻击动作,并试图争夺球。防有球是防无球的继续,这是一个动态过程,在对手接球同时,必须迅速调整位置与距离,球到人到,并以对手在场上的位置为依据,调整为平步防守或斜步防守姿势,积极采用攻击性强的方法进行干扰、破坏。注意不要被进攻队员的假动作迷惑,及时发现进攻队员的打球特点、习惯及意图,有针对性地防守,迫使进攻队员改变进攻动作、方向,减缓其进攻速度等。如果进攻队员做攻击动作,防守队员则应该积极封堵、干扰。

二、防守技术动作学练

(一)防无球队员技术动作学练

防无球队员技术动作有很多,限于篇幅,这里仅对以下几种动作的学练方法进行简要阐述。

1. 全场一对一防摆脱接球的练习

(1)练习目的

第一,促进运动员防守能力的提高。

第二,使运动员在全场范围内熟练掌握防摆脱接球的方法。

第三,使运动员能够更快、更灵活地移动。

(2)练习方法

两名队员一组,将全体队员分为若干组,每组队员一攻一守分别在端线外站立。进攻队员①给⊗₁传球,然后徒手摆脱防守队员❶的防守接⊗₁的回传球。❶积极防守,阻止①接球,并始终保持"球—我—他"的有利防守位置,同时防止①突然加速反跑空切(图6-55)。

当⊗₁给⊗₂传球时,防守队员❶立即调整防守位置,保持有利防守位置(图6-56)。

(3)注意事项

第一,防守队员始终保持有利防守位置,防止进攻队员接球,并严密防守进攻队员突然反切。

第二,合理运用各种防守步法。

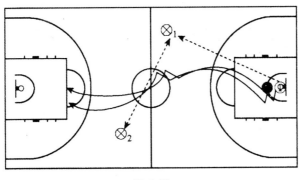

图 6-55

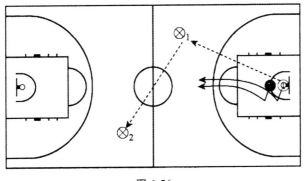

图 6-56

2.二对二防掩护的练习

(1)练习目的

第一,使运动员掌握破坏掩护的方法。

第二,提高防守队员配合的能力。

(2)练习方法

四名队员一组,二人进攻二人防守,经过若干次后,攻守双方交换,做以下不同位置的掩护练习。

第一,防两侧内中锋之间的掩护(图 6-57)。

第二,防内中锋与后卫的掩护(图 6-58)。

图 6-57

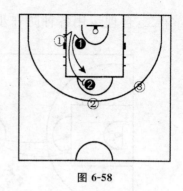

图 6-58

第三,防后卫与前锋位置上的掩护(图 6-59)。

第四,防前锋与同侧内中锋的掩护(图 6-60)。

图 6-59

图 6-60

第五,防两后卫位置上的掩护(图 6-61)。

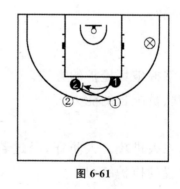

图 6-61

(3)注意事项

第一,两脚始终处于动态防守状态,注意观察进攻的意识,及时抢占有利的防守位置。

第二,采用什么方法破坏掩护,两人要提前打招呼,要有呼有应。

(二)防有球队员技术动作学练

防有球队员技术动作有很多,限于篇幅,这里仅对以下几种动作的学练方法进行简要阐述。

1.全场徒手一对一攻防练习

(1)练习目的

第一,提高运动员对各种防守步法的掌握及综合运用防守步法的能力。

第二,提高运动员快速变换各种防守步法的灵活性。

(2)练习方法

两名队员一组,一攻一守,将全队分成若干组。练习时,从端线开始到另一端线,返程时两人交换从另一侧练习。前一组队员到中线时,下一组队员按同样的方法练习,连续进行(图6-62)。

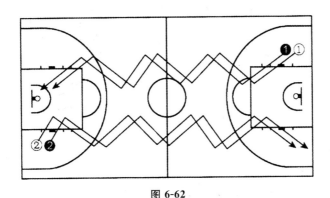

图 6-62

(3)注意事项

第一,进攻队员先慢速或中速摆脱,协助防守队员对各种防守方法和步法的掌握。待防守队员熟练运用各种防守步法后,进攻队员快速摆脱,以促进防守队员防守能力的提高。

第二,防守队员要向进攻队员紧逼防守,防守步法要及时变换,避免对方摆脱。

第三,进攻队员一旦摆脱,防守队员要立即追防,这时进攻队员重新开始摆脱和防摆脱的练习。

2.全场一对一防运球练习

(1)练习目的

第一,提高运动员在全场防运球和防运球突破的能力。

第二,提高运动员变换各种防守步法的速度,促进其综合运用各种防守步法的能力的提高。

(2)练习方法

两名队员一组,将全体队员分成若干组。每组队员从端线开始,一人运球一人防守,到另一端线后返程,返程时,双方交换位置练习(图6-63)。

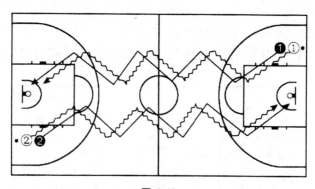

图 6-63

(3)注意事项

第一,进攻队员尽可能运球超越,防守队员全力进行防守,一旦进攻队员突破防守,防守队员迅速追防。

第二,防守队员能随便做抢球、断球的动作,但如果进攻队员没有护球,则可伺机抢断。

第三,防守队员要堵中放边,运用堵截步防止进攻队员突破,并迫使进攻队员在边角停球,以便形成夹击。

3.抢球后的攻守练习

（1）练习目的

第一,促进运动员反应能力的提高。

第二,促进运动员防运球突破能力的提高。

第三,对运动员积极、主动的防守意识进行培养。

（2）练习方法

将全体队员分●、○两个大组,给每组所有队员编号并指定各组进攻篮。练习时,⊗将球放在原地或抛球,同时叫队员的编号,两大组中同一名编号的队员快速起动抢球,抢到者向指定篮运球进攻,未抢到者紧逼防守(图 6-64)。

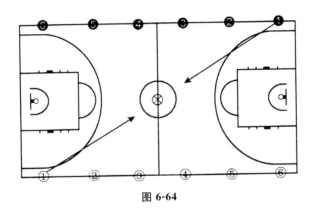

图 6-64

（3）注意事项

全体队员都要集中注意力,快速起动抢球。

第七章　篮球战术教学方法的设计

篮球战术是篮球教学体系中非常重要的一个环节,作为篮球技术的综合运用形式,其在篮球运动训练和比赛中具有重要地位。随着篮球运动的快速发展,篮球比赛变得日趋激烈,在这种情况下,进行篮球战术训练就必须要制定出合理有效的方法,对篮球战术训练方法进行创新设计,使之更加具有针对性、实战性,这是非常必要的。本章即对篮球战术教学方法设计的相关内容进行简要阐述。

第一节　篮球战术基本理论

一、篮球战术的概念

篮球战术是指在篮球比赛过程中,篮球运动员通过对个人技术进行灵活、合理的处理,从而达到同个别球员和整体队员之间的相互协调配合的方法以及组织形式。

二、篮球战术的构成要素

篮球战术的构成要素主要包括战术意识、战术指导思想、基础技术、基本阵势和方法五个方面。

(一)战术意识

战术意识是篮球战术活动中运动员的一种心理呈现,是指篮球运动员根据场上情况对战术所作出的一种反映,从而在行动中得以很好地体现出来。

(二)战术指导思想

战术指导思想包含以下两层含义。

第一,长期性的战术指导思想,它是在篮球运动训练和篮球比赛整个过程中都要严格制定的指导原则。

第二,针对特定的比赛所制定出来的专门性的战术方法的原则。

对于篮球战术来说,其各个方面的确立和行动都取决于战术指导思想,并且在运用篮球战术方面,战术指导思想也起着非常重要的指导作用。

(三)基础技术

对篮球战术进行正确执行,必须要具备良好的技术,篮球运动员相互之间对篮球技术的合理运用才能将战术意图很好地体现出来。只有对篮球战术进行全面、准确、熟练地掌握和运用,才能使战术的正确执行得到有效保障。

(四)基本阵势

在篮球战术活动方面,阵势主要是指战术的方式和形态。从外在来看,战术行动就是对特定战术内容进行反映的阵势,在战术中,是不容忽视的要素。

(五)方法

战术方法是指篮球战术中所包含的要求、原则以及程序等各个部分,它主要包含了运动员在比赛场上的位置安排、球的传递路线、运动员的移动路线,以及在比赛场上运动员的随机应变等内容。对于篮球比赛中各方面因素,战术方法都进行了相应的规定,并且对战术中运动员对技术动作的选取以及组合方式等方面也产生了一定的影响。正确执行篮球战术方法,需要篮球运动员具备较高的技术能力,同时阵势的设定在其中也发挥着非常重要的作用。

第二节 战术基础配合学练方法设计

一、进攻战术基础配合学练方法设计

进攻战术的基础配合学练方法有很多,限于篇幅,这里仅对以下几种进行简要阐述。

(一)交叉空切

1.练习目的

第一,掌握交叉切入的配合方法。
第二,为篮下投篮和中投创造机会。
第三,为以后的全队战术打好基础。

2.练习方法

如图 7-1 所示,全队每组三人共用一个球(图中均为两名前锋与一名后卫的配合,前锋①将球通过后卫②传给③,当③接球时,①迅速做摆脱切入,①空切后,②紧随其后做交叉切入,③根据情况传球给①或②上篮,①、②抢篮板球后交换位置排队尾。

如图 7-2 所示,后卫接球后,两个前锋队员交叉切入接球上篮的练习。

3.注意事项

第一,掌握好空切时机。

第二,传球要隐蔽、及时、到位。

第三,交叉切入要有层次。

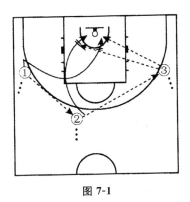

图 7-1

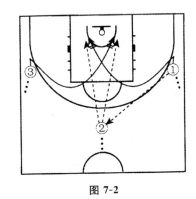

图 7-2

(二)两人传切配合

1.练习目的

第一,提高传切配合的技术和意识。

第二,掌握两人传切配合的方法。

第三,为篮下投篮创造机会。

2.练习方法

如图 7-3 所示,每组两人共用一个球,队员①上篮后排在②组的队尾,②抢篮板球后排在①组的队尾,依此连续练习。

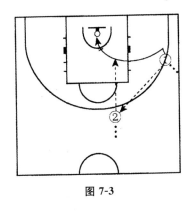

图 7-3

全队分两大组,第一大组是后卫和前锋组,每组两人共用一个球练习,为后卫与前锋队员的传切配合(图 7-4)。

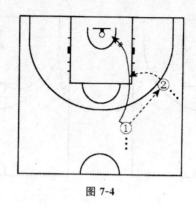

图 7-4

第二大组是中锋组,用同样的方法练习,为前锋与同侧内中锋的传切配合(图 7-5、图 7-6)。每次练习后两人交换位置排队尾。

图 7-5

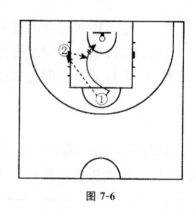

图 7-6

3.注意事项

第一,摆脱起动要迅速。

第二,传球要隐蔽、及时、到位。

第三,左、右两侧的传切配合都要练习。

（三）运球给无球队员做侧掩护的配合

1.练习目的

第一，提高两人间运球掩护配合的意识和技术。

第二，掌握运球给无球队员掩护的方法。

第三，为无球队员创造摆脱接球的机会。

2.练习方法

如图 7-7 和图 7-8 所示，队员②运球给①做侧掩护，掩护时②传球给①，①接球后快速突破上篮。①突破时，②根据防守情况应做转身下顺（打"二机会"）或冲抢篮板球。练习时先增加一名防守队员防无球队员，逐渐过渡到增加两名防守队员。每组两人，练习时两名队员交换进攻位置。左、右两侧都要练习。

图 7-7

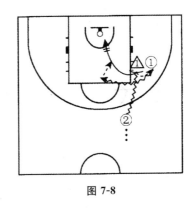

图 7-8

3.注意事项

第一，掩护时要贴紧防守队员。

第二，被掩护的进攻队员，在同伴掩护时，应先向反方向下压，以便把防守队员带入掩护区。

第三，防守队员换人时，注意打"二机会"。

（四）给无球队员做反掩护

1.练习目的

第一，提高反掩护配合的意识和技术。
第二，掌握反掩护配合的方法。
第三，为无球队员创造篮下投篮和中远投的机会。

2.练习方法

（1）如图 7-9 和图 7-10 所示，队员①传球给③后，给②做反掩护，②空切接③的传球上篮。

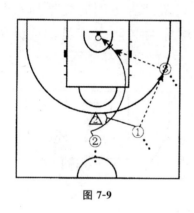

图 7-9

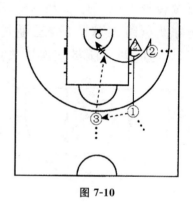

图 7-10

（2）如图 7-11 和图 7-12 所示，①传球给③后，给②做反掩护，当防守队员 ⚠ 与 ⚠ 换防时，①做后转身要位下顺伸手要球，接③的传球投篮。投篮后抢篮板球，然后轮换。

3.注意事项

第一，掌握好配合的时机。
第二，注意观察防守队员的防守意图和防守情况，及时应变。
第三，进攻时，三人的落位要有利于传球和掩护，一般保持5~6 米的距离为宜。

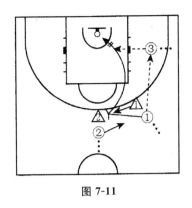
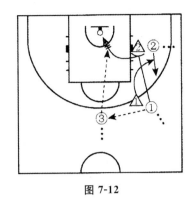

图 7-11　　　　　　　　　　　　　　　　图 7-12

(五)前锋给内中锋掩护

1.练习目的

第一,提高配合意识和技术。

第二,掌握前锋给内中锋掩护配合的方法。

2.练习方法

如图 7-13 所示,后卫③为固定传球队员。③持球时,防守内中锋的△防上线,以防②上插或接球,这时前锋队员①给②做掩护,②向前锋位置拉出接③的传球跳投。①掩护后注意转身抢位要球。每组一名内线队员和锋线队员共用一个球,刚开始练习时先不加防守,待配合熟练后,加上两名防守队员形成二打二。进攻后变防守,防守后下去休息,新上来一组进攻。进攻若干次后攻、守交换或者进攻成功后连续进攻,进攻失败或对方抢到篮板球后,攻、守交换。

3.注意事项

第一,给内中锋掩护的前锋队员应有一定的身高,便于掩护后落在内中锋位置上进攻。

第二,给内中锋掩护的前锋队员最好也能打内中锋的位置。

第三,投篮后,攻、守双方都要拼抢篮板球。

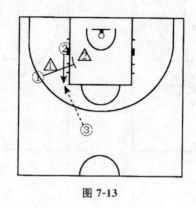

图 7-13

(六)外中锋与后卫的策应配合

1.练习目的

第一,提高配合的意识和技术。
第二,掌握后卫与外中锋策应空切配合的方法。
第三,为后卫空切篮下和内外线联系创造机会。

2.练习方法

如图 7-14 所示,后卫队员①传球给外中锋策应的②,①摆脱空切篮下,接②的传球上篮。②传球时可采用背对篮的向后传球(肩上向后传球,背后传球,背后击地传球等),或者转身面向篮传球(头上传球、肩上传球等)。练习时中锋②为固定策应队员,其他队员人手一球排在①后边依次连续练习。刚开始练习时先不加防守,等配合熟练后加一名队员防守①,然后攻、守交换。

3.注意事项

第一,传球要及时、到位。
第二,外中锋的策应位置可以在罚球线一带,也可以在弧顶一带。

第三,策应时,配合要默契。

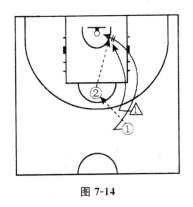

图 7-14

(七)前锋上线突破分球的配合

1.练习目的

第一,提高突分配合的意识与技术。

第二,掌握前锋突破后分球给内中锋或另一侧前锋队员的配合方法。

第三,为内中锋和前锋队员创造中、远投的机会。

2.练习方法

如图 7-15 所示,前锋队员①持球从上线突破时,内中锋②突然从上线向限制区空当移动,①分球给②投篮,或者另一侧前锋③突然向底线空当位置移动,①分球给③投篮。同样,前锋队员底线突破时,②和③也可以采用上述的移动方法打突分配合。

3.注意事项

第一,当前锋队员突破时,②和③应及时地向空当处移动,并且移动要迅速。

第二,突破前,应观察场上的情况,以便分球。

第三,分球时注意运用假动作,迷惑防守。

图 7-15

二、防守战术基础配合学练方法设计

防守战术的基础配合学练方法有很多,限于篇幅,这里仅对以下几种进行简要阐述。

(一)防后卫传球后的纵切

1.练习目的

第一,提高防纵切的意识和能力。
第二,掌握防后卫纵切的方法。

2.练习方法

如图 7-16 所示,后卫队员①传球给前锋队员②后纵切,防守①的△应先向后退一步以防其突然起动超越自己,然后△始终抢占近球侧的防守位置(近球侧防守),并且近球的一侧手臂积极干扰对方传、接球。②为固定传球队员,其他队员每组两人共用一个球,分别按①、△的落位练习。防守后攻、守交换。

3.注意事项

第一,防纵切时,两腿弯曲,两脚处于动态(滑步或碎步移动),始终与进攻队员保持约一臂的距离,并且保持抢占近球一侧的防守位置。

第二,左右两侧都要练习。

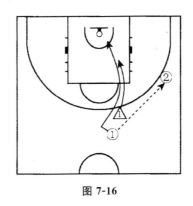

图 7-16

(二)防前锋队员传球后的横切

1.练习目的

第一,提高防守意识和能力。

第二,掌握防前锋队员传球后横切或溜底线的方法。

2.练习方法

如图 7-17 所示,前锋队员①传球给后卫队员②,△为了防止①快速起动横切,应快速向后撤一步,适当地远离。当①横切时,△应采用"抱防"的方法(抱防即面对进攻队员近球一侧脚在前,近球一侧手臂在上干扰传球)。当防守队员、持球队员和横切队员成一条直线并与底线垂直时,有以下两种防守方法。

第一,背向球,面向横切者。贴紧对方高举双手,封堵对方的传、接球。这种方法虽然暂时看不到球,但由于面向对方,使其很难摆脱防守而接球。

第二,防守队员向后转身面对球,背向贴紧横切队员,并用手触摸对方。

这两种方法都要求防守队员始终保持球—我—他的防守位置,卡位封堵对方近球一侧的移动路线和传、接球路线。待超过"垂线"时,立即变成"抱防"。

②为固定传球队员。前锋队员每组两人共用一个球。防守成功后攻、守交换。

图 7-17

3.注意事项

第一,为防止对方突然空切,进攻队员传球后一定要先后撤一步。

第二,绝不允许进攻队员从防守队员前面横切。

(三)运用抢过防运球掩护配合

1.练习目的

第一,提高"抢过"的意识和技术。

第二,掌握"抢过"配合的方法。

2.练习方法

如图 7-18 所示,进攻队员①运球给②掩护,防守②的△运用抢过从①和②之间快速"挤过"继续防守②。每组四人共用一个球,两攻两守,练习结束后攻、守交换。

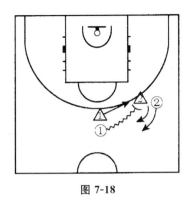

图 7-18

3.注意事项

第一,防守掩护的队员要及时提醒同伴做抢过动作。

第二,运用抢过的防守队员要注意观察对方的进攻意图,做好抢过的思想准备。

(四)换防破坏掩护的练习

1.练习目的

第一,提高换防配合的意识。

第二,掌握换防配合的方法。

2.练习方法

如图 7-19 所示,队员②给进攻后卫队员①做侧掩护,①运球突破,这时②的防守队员△马上堵防①突破,而①的防守队员△立即调整防守步法抢占内侧,堵住②向篮下转向切入。每组四人,二攻二守,防守成功后攻、守交换。

3.注意事项

第一,防守掩护的队员应及时提醒同伴换防。

第二,被掩护的防守队员要及时调整防守步伐,堵住掩护队员转身向篮下切入。

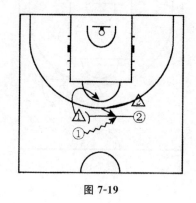

图 7-19

(五)运用绕过破坏掩护

1.练习目的

第一,提高绕过防守的技术。
第二,掌握绕过破坏掩护配合的方法。

2.练习方法

如图 7-20 所示,进攻队员①传球给③后给②掩护,这时②向中间移动接③的传球,而②防守队员的△在抢过不成的情况下,从①和△身后绕过,继续防守②。③为固定传球队员,其他队员每组四人两攻两守,防守成功后攻、守交换。

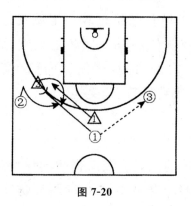

图 7-20

3.注意事项

第一,防守队员在被掩护时,应尽量运用抢过的方法,如果抢过不成,应及时提示同伴绕防。

第二,防守掩护的同伴△应紧贴掩护队员,使同伴更快地从身后绕过去防守自己的对手。

(六)运用穿过破坏掩护

1.练习目的

第一,提高穿过配合的意识。
第二,掌握穿过配合的方法。

2.练习方法

如图 7-21 所示,①给②做运球掩护,当①接近△时,△及时地提醒同伴△撤步让路,使△从①和△中间穿过,继续防守②。

每组四人共用一个球,两攻两守,防守队员每人做若干组穿过练习后,攻、守交换。

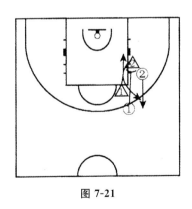

图 7-21

3.注意事项

第一,练习穿过时应及时提醒同伴。

第二,被掩护队员也要及时地提醒同伴让路。

(七)"关门"防突破

1.练习目的

第一,提高"关门"配合的意识和技术。
第二,掌握"关门"配合的方法。

2.练习方法

如图 7-22 所示,后卫队员从中路突破时,两名后卫防守队员 △、△运用"关门"将②堵在外面。

如图 7-23 所示,前锋队员从边路突破时,一名后卫队员与一名前锋队员运用"关门"将其堵在外面。

每组两人,先做防守的"关门"配合练习,其他队员每组两人进攻,防守若干次后与下一组轮换。依次轮流防守。

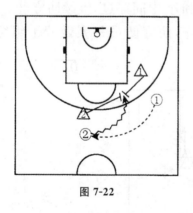

图 7-22

图 7-23

3.注意事项

第一,进攻队员突破时,防守队员应封堵其通往篮下的路线。
第二,进攻队员突破时,邻近的防守队员要及时快速地移向同伴,两人用身体挡住进攻队员的突破路线。

（八）全场夹击配合

1.练习目的

第一,提高夹击配合的意识和技术。

第二,掌握夹击配合的方法。

第三,为全场紧逼和全场区域紧逼防守打好基础。

2.练习方法

如图 7-24 所示,进攻队员①运球向前场推进,①的防守队员 △ 迫使①走边路,并且迫使①在中场边角停球。这时,防守队员 △ 及时地迎上防守,与 △ 形成夹击。每组三人,轮流做夹击。

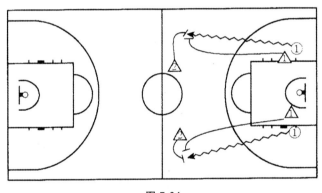

图 7-24

3.注意事项

第一,防运球的队员应努力为夹击创造机会。

第二,夹击时,两名防守队员的身体紧贴,不给对方挤过的机会。

第三,左右两侧都要练习。

第三节　快攻与防快攻战术学练方法设计

一、快攻战术学练方法设计

快攻战术的学练方法有很多,限于篇幅,这里仅对以下几种进行简要阐述。

（一）两人快速五传推进上篮练习

1.练习目的

第一,掌握两人快速短传推进的方法。
第二,提高两人快速短传推进的速度和上篮的准确性。

2.练习方法

如图 7-25 所示,队员①和②快速短传推进,五次传球上篮后从另一侧以同样的方法做返程练习。返回时②仍在边路,①在中路,上篮后抢篮板球排队尾,下一次练习两人交换位置。前一组上篮后返回时,下一组开始练习。为加大练习密度和强度,场上可保持 3～4 组同时练习。

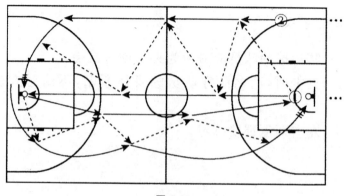

图 7-25

3.注意事项

第一,传球后要有明显的加速起动。

第二,用最快的速度完成传、接球推进。

第三,行进间快速传接球时,手、脚配合要协调,不得走步。

第四,接球后立即传球,传球要到位。

第五,最好用双手胸前传球。

第六,最后一传最好结合假动作用隐蔽方式传球。

(二)运球推进结合突破上篮练习

1.练习目的

第一,掌握运球推进结合突破上篮的快攻方法。

第二,提高运球推进的速度和突破上篮的准确性。

2.练习方法

如图 7-26 所示,①从中路快速运球过中线后传球给从边路快下的②,②接球后快速突破上篮,①跟进抢篮板球后再做返程练习。返回时,交换位置,即①抢篮板球后传球给②,②从中路快速运球过中线后,传球给从边路快下的①,①运球突破上篮,抢篮板球后排队尾。全队分若干组,每组两人共用一个球,上一组过中线时下一组开始练习。

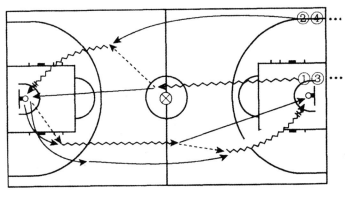

图 7-26

3.注意事项

第一,运球队员全速运球,边路队员也要全速快下。
第二,运球时传球要隐蔽到位。
第三,上篮要投中。

(三)三人三传推进上篮练习

1.练习目的

第一,掌握插中接应后三路三传快攻推进的方法。
第二,提高快速传球推进的速度。
第三,提高上篮的准确性。

2.练习方法

如图 7-27 所示,全队分若干组,每组三人,①传球给插中接应的②后,从②身后绕过沿边路快下。②接球后传给从另一侧边路快下的③,③传球给①,①上篮后跑到另一侧,②由中路跟进补篮或抢篮板球,③由限制区穿过,跑到另一侧,然后三人按开始的方法做返程练习。

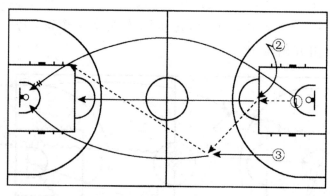

图 7-27

如图 7-28 所示,②传球给③后,从③身后绕过沿边路快下,③

接球后传给①,①传给由边路快下的②上篮,三人抢篮板球后排队尾。依此连续练习。

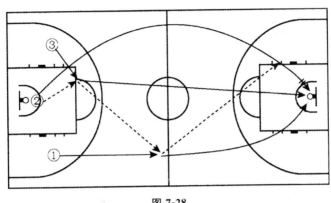

图 7-28

3.注意事项

第一,在快速跑动中完成传球推进。

第二,保持三线推进时的纵深队形和两边路靠边拉开快下的队形。

第三,返回时不得绕近路。

第四,必须投篮命中。

(四)带跟进的三线快攻练习

1.练习目的

第一,掌握三线传球、运球推进和跟进的技术。

第二,提高跟进的意识。

2.练习方法

如图 7-29 所示,开始时,③和④落在两侧,②落在限制区内,①在篮下。①传球给边路的④时,另一侧的③插中接二传,②从③的背后沿边路快下,③接球后从中路快速运球推进,在罚球线附近传球给两侧的②或④跳投。①传球后从中路跟进补篮或抢篮板球。

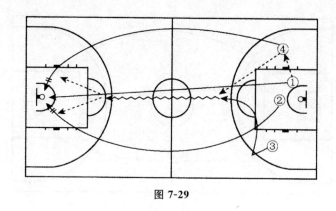

图 7-29

3.注意事项

第一,掌握好跟进的时机。
第二,调整好三线推进时拉开与纵深进攻的队形。

二、防快攻战术学练方法设计

防快攻战术的学练方法有很多,限于篇幅,这里仅对以下几种进行简要阐述。

(一)封堵快攻一传练习

1.练习目的

第一,提高封堵一传的意识。
第二,掌握封堵一传的方法。

2.练习方法

如图 7-30 所示。抛篮板球,①抢到篮板球欲做一传时,防守队员△立即上前防守,封堵其传球,拖延对方快攻反击的时间,为同伴快下找人、布防争取时间。

　　每组两人共用一个球,一人抢篮板球,一人防守,下一次练习攻守交换。

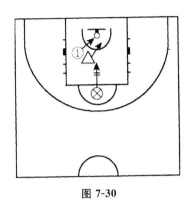

图 7-30

3.注意事项

　　当未抢到篮板球时,距抢到篮板球最近的队员立即迎上封堵上传,封堵时两手罩住球,两臂随球的摆动而挥动。

(二)半场三对三封堵一传接应的练习

1.练习目的

　　第一,提高防守意识。
　　第二,掌握封堵一传和卡位封堵接应的方法。

2.练习方法

　　如图 7-31 所示,上抛篮板球,①抢到防守篮板球时,①、②、③由防守转为进攻,这时邻近的△立即迎上封堵①的一传,△和△卡位封堵②和③接一传。
　　每组六人三攻三守,封堵完后下去休息,下一组练习。

3.注意事项

　　第一,无论谁抢到篮板球,离其最近的队员应立即迎上封堵一传队员。

第二,从抢到篮板球算起,使进攻队员至少在三秒钟内不能将球传出。

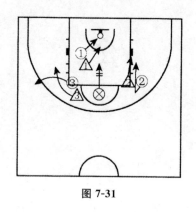

图 7-31

(三)堵防运球推进的练习

1.练习目的

第一,提高堵防推进的意识和能力。
第二,掌握堵防运球推进的方法。

2.练习方法

如图 7-32 所示,进攻队员①拉边接一传后运球推进,△积极堵防并迫使其向边路运球。

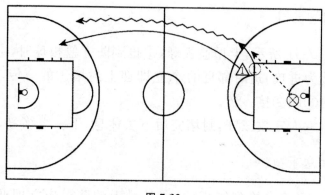

图 7-32

如图 7-33 所示,进攻队员①插中接一传后,由中路运球推进时,⚠积极堵防。

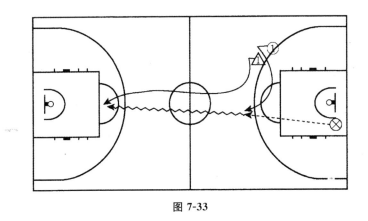

图 7-33

每组两人共用一个球,练习后排队尾,攻、守交换。

3.注意事项

第一,当对方运球推进时,要迫使其走边路,这样可以破坏对方的三线快攻,并可以造成夹击。

第二,防运球时,不要随便抢断对方,以防造成犯规或使对方加速超越。

(四)卡位封堵边路快下的练习

1.练习目的

第一,提高由攻转守时,快速退守的意识。

第二,掌握卡位封堵沿边路快下队员的方法。

2.练习方法

如图 7-34 所示,抢到篮板球后,原来的防守队员①和②立即由守转攻,沿边路快下,而原来的进攻队员⚠和⚠则立即转入防守,从内侧卡位封堵①、②快下。⚠和⚠根据①和②移动的情况,抢占有利的防守位置。

每组四人,两攻两守,练习后排队尾,下次练习攻、守交换。

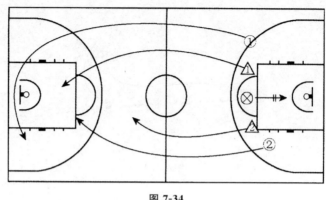

图 7-34

3.注意事项

第一,以防对方长传球为主。

第二,由攻转守时,落在上线的队员立即退守,卡位封堵对方快下队员的移动路线。

第四节　进攻半场人盯人与半场人盯人防守学练方法设计

一、进攻半场人盯人防守学练方法设计

进攻半场人盯人防守的学练方法有很多,限于篇幅,这里仅对以下几种进行简要阐述。

(一)连续空切进攻法

1.练习目的

后卫和前锋队员连续空切(三个空切)寻找攻击机会,充分发

挥队员空切技术好、灵活性好的特点。

2. 练习方法

如图 7-35 所示,后卫队员②传球给③后空切接③的传球投篮。

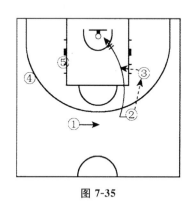

图 7-35

如图 7-36 所示,如果②没有机会,②移动到右侧内中锋位置,这时③传球给外线队员①,利用②的掩护(此掩护可以是定位的,也可以是行进间的)从底线空切篮下,接①的传球投篮。如果③没有机会,则从右侧底线迁回到左前锋位置,这时④则利用左侧内中锋⑤的定位掩护从上线空切到篮下,接①的传球投篮。

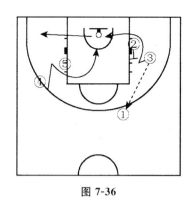

图 7-36

如图 7-37 所示,如果④没有机会空切,则迁回到右侧前锋位置,②上提形成 2—3 落位,然后开始按上述方法连续空切。

图 7-37

3.注意事项

第一,空切队员空切时要快速突然起动。
第二,传球与空切配合协调一致。
第三,队员位置不固定。

(二)外线"8"字运球结合攻中锋进攻法

1.练习目的

第一,可突然切入篮下或中投。
第二,吸引防守队员的注意力,为内线空切篮下创造机会。

2.练习方法

如图 7-38 所示,外线队员①②③三人做"8"字运球配合。当①向右侧运球传给②时,左前锋④利用⑤的定位掩护空切篮下;这时①或②及时地传球给④投篮,⑤掩护后应上插,①或②视机会也可以传球给⑤,⑤接球后转身跳投。投篮后,④和⑤与另一名队员抢篮板球。

3.注意事项

第一,运球时注意护球。
第二,外线队员运球掩护时,应使外线与内线相互配合。

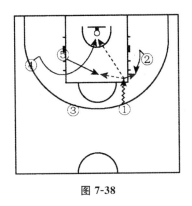

图 7-38

（三）内线"8"字掩护进攻法

1. 练习目的

对于内线攻击力较强、队员灵活性好、移动进攻能力强、技术好的球队，通过反复掩护，寻找内线攻击机会。

2. 练习方法

如图 7-39 所示。外线队员①和②做传、接球，当②持球时，内中锋⑤给前锋④做后掩护，④向篮下切入接②的传球上篮。如果④没有机会接球时，②传球给①，而④继续移动给右侧的③做掩护，③空切篮下接①的传球上篮。如果③没机会接球时，继续移动给左侧的⑤掩护。③④⑤反复移动掩护，寻找内线攻击的机会。

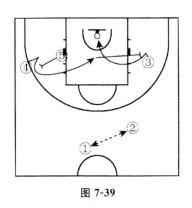

图 7-39

3.注意事项

第一,外线传球与内线掩护空切要协调一致。

第二,外线两名队员应及时调整传、接球角度,传球时要隐蔽,以防对方被抢断。

(四)掩护进攻法

1.练习目的

第一,通过内、外线掩护,创造跳投和篮下投篮的机会。

第二,通过掩护使内线与内线、外线与外线之间以及内、外线之间的进攻联系起来。

2.练习方法

如图 7-40 所示。后卫队员①运球给②掩护,②接①的传球后,一是自己跳投,二是当防守换人时,①转身下顺打"二机会",接②的传球投篮。外中锋④给左侧内中锋⑤做掩护,⑤视情况从上线或底线切入篮下接②或①的传球投篮。投篮时①④⑤抢篮板球。①向右侧运球时,左侧的③应向中间弧顶移动,以保持攻、守平衡。

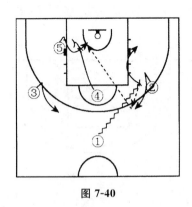

图 7-40

3.注意事项

第一,每名队员都必须具备较好的掩护意识和技术。

第二,掩护时,既注意为同伴创造进攻机会,也要根据防守情况为自己创造进攻的机会。

二、半场人盯人防守学练方法设计

半场人盯人防守的学练方法有很多,限于篇幅,这里仅对以下几种进行简要阐述。

(一)由进攻转入半场人盯人防守时的"全场领防"练习

1.练习目的

掌握领防的方法。

2.练习方法

如图 7-41 所示,半场五对五。上抛篮板球,当原防守队员⑤获得后场篮板球由守转攻时,△立即上前封堵⑤的一传,并防其突破运球。△和△立即堵住①和④的快下,△和△在堵防对方快攻后,跑在①和④的前面,逐渐退守。到后半场时,立即盯紧自己的防守队员,而△和△也要积极堵防②和③的一传接应队员,然后领先②和③防其向前推进,到后场时立即盯住自己的防守队员,并按以球为主,"球—人—区"兼顾的防守原则进行防守。练习若干次后,攻、守交换。

3.注意事项

第一,进入半场时,立即盯住自己的防守队员。

第二,当对方由守转攻时,转为防守的队员马上在前场找到自己所防守的队员,"领着"对方进入后场,到后场后立即进入盯人防守。

第三,为了协助掌握"全场领防",进攻队员尽量不要打快攻。

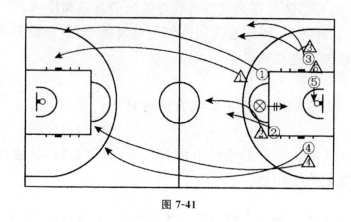

图 7-41

(二)由进攻转入半场人盯人防守时的中场领防练习

1.练习目的

掌握由攻转守时,"中场领防"的半场人盯人防守方法。

2.练习方法

如图 7-42 所示。上抛篮板球,原防守队员⑤抢到后场篮板球后,离⑤近的△封堵一传,其他队员△、②、③、④立即退回到中线后,等待各自所防守的队员来到中场时,马上迎上并与其保持一定的距离,一旦进入半场人盯人的防区,立即进行盯人防守,并根据球的位置,按照以球为主,"球—人—区"兼顾的原则进行防守。每组练习若干次后,攻、守交换。

3.注意事项

第一,由攻转守时,一人封堵一传,其他队员快速退守到中场找到各自的防守队员,然后领防到人盯人防区后进行盯人防守。

第二,对方持球队员一过中线,就要对其积极防守,从而为其他同伴赢得调整位置的时间。

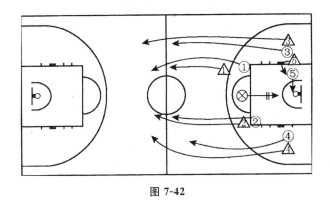

图 7-42

第五节　进攻区域联防与区域联防学练方法设计

一、进攻区域联防学练方法设计

进攻区域联防的学练方法有很多,限于篇幅,这里仅对以下几种进行简要阐述。

(一)1—3—1 落位内、外双中锋落位策应跳投进攻法

1. 练习目的

第一,利用 2—1—2 联防队形防守的薄弱地区,通过外线队员的穿插空切和中锋的空切,创造篮下投篮和策应跳投的机会。

第二,增加进攻的选择,使进攻具有连续性。

2. 练习方法

如图 7-43 所示,后卫队员①传球给前锋队员③,③接球后瞄准,吸引底线的防守队员△,①传球后利用外中锋④的掩护突然空切篮下,接③的传球投篮。如果①在篮下没有机会接球,则拉

出到右侧底角接③的传球做中、远距离投篮。利用①的投篮吸引对方上来防守,这时外中锋④突然纵切,接①的传球投篮。如果④接球后不能投篮,可在底线策应给①创造机会投篮(图7-44)。

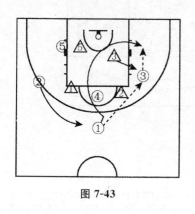

图 7-43

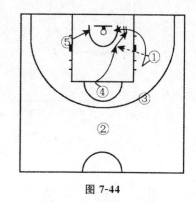

图 7-44

如果①没有投篮将球转移给③,这时左侧的内中锋⑤上插外中锋位置接③的传球,③传球后立即向篮下空切,⑤接球后通过下列三种方式:一是传球给空切篮下的③,二是与②打策应跳投,三是自己转身跳投或突破上篮(图7-45)。如果⑤传球给外围队员②,②又将球转移给空切后拉出落在左侧前锋位置上的③时,③接球后观察防守队员的防守意图,如果防守队员不迎上防守则投篮,如果③迎上防守,外中锋⑤突然纵切篮下,接③的传球上篮。如果⑤纵切时没有机会,右侧内中锋④立即上插外中锋位置,这时又变成1—3—1落位,可以重新开始战术配合(图7-46)。

图 7-45

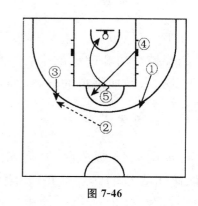

图 7-46

3.注意事项

第一,进攻要有节奏。

第二,球的转移与队员的穿插空切协调一致。

第三,进攻要有耐心。

第四,除在篮下接球外,其他区域接球后视机会应做瞄篮假动作,吸引防守队员,为同伴空切创造机会。

(二)1—2—2双中锋落位外线与内线空切进攻法

1.练习目的

通过外线队员的位置变化,为右侧的以多打少创造机会,同时外线队员的空切移动也为内线队员的空切创造机会。

2.练习方法

在图7-47中,当后卫队员①传球给右侧③时,左侧的前锋②斜插,并利用右侧底线⑤的定位掩护拉出接③的传球投篮。如果③传球给②,而且当②斜插时,防守队员△的跟防而使篮下腹地一带出现空当,这时④突然上插接③的传球转身跳投。如果④没有机会,队员应调整位置,形成图7-48的落位。

图 7-47

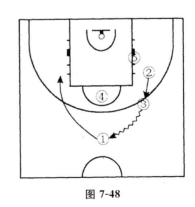

图 7-48

③传球给①,利用外中锋④的掩护空切篮下接①的传球投

篮。如果③在篮下没有机会,应拉出与①在底角打策应跳投(图7-49)。如果③拉出时①没有传球,这时④突然纵切接①的传球投篮;如果④没有机会,防守队员必然偏于左侧底线一带,⑤可横切接①的球投篮(图7-50)。

图 7-49

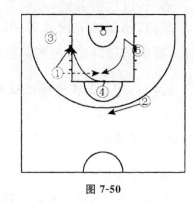

图 7-50

3.注意事项

第一,抓住中、远距离投篮机会,及时投篮。

第二,外线队员应及时调整位置,掌握好传球的角度。

第三,当外线队员空切带出空隙时,内线队员及时地空切接球攻击。

二、区域联防学练方法设计

区域联防的学练方法有很多,限于篇幅,这里仅对以下几种进行简要阐述。

(一)外围二防三的练习

1.练习目的

第一,提高外线快速滑步移动的能力。

第二,提高外线以少防多的能力。

2.练习方法

如图 7-51 所示,进攻队员①、②、③在外线互相传球,⚠、⚠防守。②持球时,⚠紧逼②,⚠向左侧移动协助防守。②传球给①后,⚠紧逼①,⚠协助⚠防守。当球由①传给③时,⚠立即移动到③面前紧逼③,⚠重新调整协防位置。当③又回传球给①时,⚠紧逼①,⚠调整位置,协助⚠防守……防守若干次或防守若干时间或被抢断后,位置轮换。

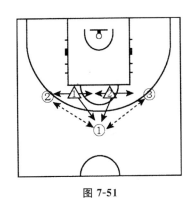

图 7-51

3.注意事项

第一,对持球队员紧逼防守,进攻队员接球时,防守队员应防守到位。

第二,进攻队员接到球后,可做传球、瞄篮、突破等假动作,以提高防守队员防传、防投、防突的意识和能力。

第三,待防守队员掌握练习方法后,进攻应加快传球的速度,以提高防守队员防守的能力。

(二)围守外中锋的练习

1.练习目的

第一,提高协防的意识和能力。

第二,掌握防守外中锋的方法。

2.练习方法

如图 7-52 所示，①、②传球。当①持球时，△紧逼①，△回防到③身前围守，防其接球，△则在③的身后偏左防③接球。当传球给②时，△立即迎上紧逼防守②，△回防到③身前围守，这时△应调整位置到③后边偏左防③接球。如果③接球，△或△要及时地夹防③（同时还要卡位封堵自己所防守队员的空切和接球），后卫队员每组四人，二攻二守，轮换防守；内线队员每组两人，攻守轮换练习。

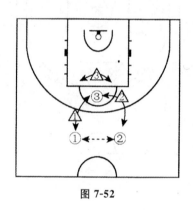

图 7-52

3.注意事项

第一，防守队员移动要及时，防守要到位。

第二，围守、协防配合要默契、协调。

第三，对外线持球队员采用紧逼防守，如果对方投篮不准时，也可采用隐约的伸缩性防守。

(三)由攻转守时的联防落位练习

1.练习目的

第一，提高由攻转守时快速落位的防守意识。

第二，掌握由攻转守时区域联防的落位方法。

2.练习方法

如图 7-53 所示。△1、△2、△3、△4、△5 先在半场进攻，①、②防守。进攻组在外线传球 2～3 次后中、远距离投篮，当①或②抢到后场篮板球时，△组立即由攻转守，这时近球队员△3 和△5 封堵一传和接应，其他队员快速退守，△3 和△5 封堵一传和接应后也要快速退守，然后快速形成"联防"的防守队形。①、②为固定场上队员。其他队员每组 5 人，分成若干组，轮流做由攻转守的练习。

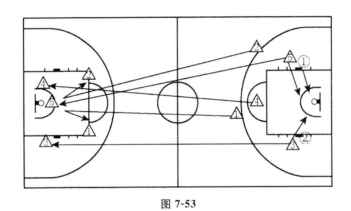

图 7-53

3.注意事项

第一，由攻转守时，除防封堵一传和接应队员外，其他队员要快速退守，并在退守中注意堵防对方的快下队员。

第二，先退守的队员，注意补防后退防守队员防守位置上的进攻队员，特别应注意补防篮下和快下的队员，以防对方乘机进攻。

第三，退守后应很快落位防守。

第六节　掷界外球战术学练方法设计

掷界外球战术学练方法有很多，限于篇幅，这里仅对以下几种进行简要阐述。

一、前锋给后卫掩护的掷前场界外球战术练习

（一）练习目的

第一，利用掩护制造篮下直接得分的机会。

第二，同时出现四次传球机会，增加进攻选择。

（二）练习方法

如图 7-54 所示。①掷前场边线界外球。内线队员④、⑤在左侧内中锋位置上重叠落位，②落在右侧后卫位置上，③落在右前锋位置上。发球时，③给②做后掩护，②向篮下空切接球，③掩护后突然向左侧弧顶上插接球。与此同时，左侧的④、⑤做交叉，④下插底角接球，⑤上插接球。于是①掷界外球就有四次机会，最理想的机会就是掷给篮下队员②，可以直接得分。如果没有机会掷给②时，应抓住其他三次机会。

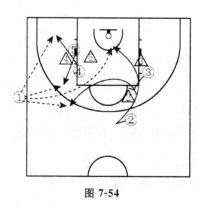

图 7-54

（三）注意事项

第一，裁判递交球，就是配合开始的信号。

第二，掷界外球时，按战术要求快速落位。

第三,掷界外球的队员应传球技术好、头脑冷静。

第四,左、右两侧掷界外球都要练习。

二、后卫利用中锋定位掩护的掷前场界外球战术练习

(一)练习目的

第一,利用掩护可以造成篮下直接得分的机会。

第二,同时出现三个传球机会。

(二)练习方法

如图 7-55 所示。①是后卫,②、③是后卫或前锋,④是外中锋,⑤是内中锋。发球时,③利用④的定位掩护空切篮下,如果防守换防时,④向有球侧转身要位接球。同时,①摆脱移动接球,这时,②可以传球给空切到篮下的③直接投篮得分,也可以传球给④或①。练习方法同练习一。

图 7-55

(三)注意事项

②掷界外球的地点应在罚球线延长线以下的位置,这个位置有利于出现三个传球机会。其他注意事项与练习一相同。

三、给后卫双掩护掷前场界外球的战术练习

（一）练习目的

第一，队员集中于右侧上线拉空篮下，为篮下接球创造机会。

第二，同时出现三个传球机会。

（二）练习方法

如图 7-56 所示。⑤、④是内、外中锋，③是前锋，①、②是后卫。发球时，③、④给①做双掩护，①移动到右侧前锋位置接球，③掩护后向上拉出接球。同时⑤摆脱空切篮下接球。②可以传球给篮下的⑤，也可以传球给①或③。

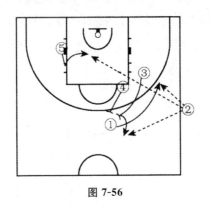

图 7-56

（三）注意事项

③、④给①掩护时，在①外侧稍有停顿，一是吸引防守队员，二是有利于②向篮下传球，然后③与①再突然向上、下移动接球。

四、前锋与后卫交叉掩护掷前场界外球战术练习

（一）练习目的

第一，通过交叉掩护可以制造篮下直接得分和跳投的机会。

第二,同时出现三个传球机会。

(二)练习方法

如图 7-57 所示。④、⑤为重叠落位的内中锋。②是后卫或前锋,①是后卫,③是前锋。发球时,①与③做行进间交叉掩护,①空切篮下接球投篮,③则插到罚球线接球跳投。同时,左侧的④拉到底角接球,④接球后,可以直接投篮,也可以传球给⑤进攻。练习方法同练习一。

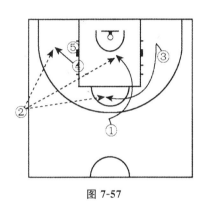

图 7-57

(三)注意事项

第一,①与③交叉掩护时,①应先切向篮下,这样有利于②向篮下传球。

第二,如果③在罚球线一带不便接球时,应向罚球线外拉出接球。

五、队员在中场跳球线一字排开的掷中线界外球战术练习

(一)练习目的

第一,进攻队员一字排开于中线,破坏了防守队员的防守习惯,造成防守困难。

第二,根据本队队员的特点,同时出现四个接球机会。

(二)练习方法

如图 7-58 所示。本战术方法基本上同练习十,只是接球队员在中线跳球线一字排开,掷界外球的队员在中线界外发球,这样队员的移动路线加长。发球时,④向前场左前锋位置快速移动,③从右侧向篮下空切,后卫核心队员①移向后场接球,身材高大的中锋⑤原地高举双手接球,②视机会传球。

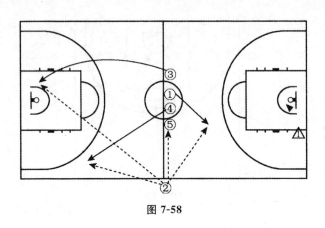

图 7-58

(三)注意事项

⑤在中线接球后注意球回后场。

第八章　篮球游戏教学方法的设计

篮球运动是由篮球游戏转变而来的,两者是密切相关的。篮球游戏是一种以篮球为主要工具,有特定目的、任务,并在特定的规则和范围内实施的某种活动形式和方法的总称。篮球游戏是体育游戏的一个重要组成部分。篮球游戏已成为现代篮球运动教学与训练中的一项基本内容。在篮球运动的教学与训练中,把篮球运动的基本技术、战术及身体素质训练等内容有目的、有计划、有组织地结合游戏进行趣味性的教学活动,选择科学、合理的篮球游戏方法,不仅能集中学生注意力,促进学生开发智力、活跃身心、增强体质,而且还有助于学生掌握篮球技、战术,提高学生学习兴趣,有效地完成篮球教学与训练任务,寓教育于游戏之中。本章重点讲篮球传球类游戏、运球类游戏、投篮类游戏、综合能力类游戏教学方法的设计。

第一节　篮球传球类游戏教学方法的设计

篮球比赛中球的移动速度比人的移动速度快,传球是最简捷、最有效的进攻方式。传球可以调动全队参与进攻,给对方的防守造成较大压力,因此传球在比赛中尤为重要。篮球传球类游戏以篮球的传接球动作为载体,创设和谐、宽松、民主的学习环境,灵活运用多样化的游戏形式,弘扬学生的主体性,唤起学生的主体意识,发挥学生的主体活动能力。

一、行进间传球接力

教学目的:训练学生快速移动中连续传球的能力。

游戏场地器材:场地一块,篮球若干个。

游戏方法:全队学生分成人数相等的两大组,①、②、⑤、⑥一组,③、④、⑦、⑧一组。两小组之间保持 5 米左右的距离,⑤和⑧持球。听到"开始"的口令后,⑤和⑥、⑦和⑧分别用双手胸前传球的方法快速传球推进,到达对面端线后用手递手的方式将球交给①、②和③、④,然后用同样的方式传球回到起点线,到起点线时将球递交给下一组的同伴。这样继续下去直到规定的时间停止。

游戏规则:行进间双手胸前传球的动作要领与原地对面传球一样,但由于是两人平行向前跑动,所以传球动作的体位有所区别,两人行进间传、接球的动作应该在两人之间的内侧完成,不能在接球时将球引到身体的外侧。不许运球,传球推进到对面时要递交给下一组的同伴,不得远传。在规定的时间内往返传球次数多的一组获胜。

注意事项:行进间传球应该根据奔跑的速度,恰当地选择传球的提前量,将球传到同伴前面适当的距离,且达到头与胸部之间的高度,使接球与奔跑很好地配合起来。

游戏教学建议:教师可根据情况改变传球完成的时间。

二、传球耐力

教学目的:训练学生迅速、正确的传球技巧,提高学生的臂力。

游戏场地器材:场地一块、篮球若干个。

游戏方法:将学生平均分成两组,分别站在两个半场内,两人之间拉开一臂间隔成一弧形队形,每组的第一名学生持球站到距本组同伴 5 米的对面,分别组成一扇形队形。发令后,持球学生开始用双手胸前传球,或采用双手反弹传球、单手胸前传球的方法,依次与本组的每一名学生进行传、接球,并循环往复地进行,直至达到规定的传球时间或传球次数为止。

游戏规则:游戏时,可采用两种办法:一种是规定领传球的人的传球次数;另一种是规定领传人的传球时间。最后以传球次数多或者完成快的一组获胜(可采取多球进行游戏,传球的顺序也可以变化)。

注意事项:双手胸前传球时,持球的动作方法是两手手指自然张开,手心空出,指根以上部位触球,手腕外旋,微用力持球于胸腹之间。双手接球的动作是双臂向来球方向伸出,手腕成上扬动作,当手指指端触球后,手臂随球的力量回收缓冲,同时手腕后屈,两手手指用力握球,当手臂回收到胸腹之前时立即开始做传球动作。传球时要注意双脚蹬地以及全身的协调配合;接球时要根据来球的高度调整身体的姿态,在把球接住并引球到胸前时身体要成持球基本姿势。反弹传球时,要注意球的着地点应在离自己 2/3、离同伴 1/3 的位置上,使球反弹后能到达接球者的腰腹部位。

游戏教学建议:教师可根据实际情况调整传球时间或传球次数。

三、三角传球

教学目的:提高学生原地传球能力和传球准确性。

游戏场地器材:篮球场 1 个,平整的空地 1 块,每 3 人 1 个篮球。

游戏方法:如图 8-1 所示,将全队以 3 人一组分成若干小组,两个组交错站位。队员相距 3~4 米,每人持一球,①传②,②传③,③传①,❶传❷,❷传❸,❸传❶,如此反复进行,先失误队为输队。

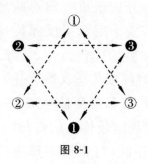

图 8-1

游戏规则：传、接球方式根据教师要求进行。必须站在三角形的顶点上进行传、接球，不准踩线或过线。

游戏教学建议：教师可规定传球方式和增减传球距离。

四、四角传球

教学目的：提高移动与传球技术的结合能力。

游戏场地器材：球场一块，篮球若干个。

游戏方法：将学生分成四组，然后按逆时针顺序分别列队于半场的四个场角处。③持球，首先把球传给弧线移动过来的①，然后马上从①的身后弧线切入准备接传球，①传球给⑤后，排到⑥的后面，⑤传球给③，然后从③的身后切入，③传球给⑦后排到⑧的后面。如此不断循环练习下去，直到完成传球的次数或规定的时间为止。

游戏规则：学生在游戏中要累计自己做错的次数，每 5 分钟为一组，学生如实报出自己出错的次数，并按错误的次数加做立卧撑。

注意事项：这是一项快速移动与传接球相结合的练习，所以学生在游戏中注意身体重心要低，以便快速地起动或急停，另外还要将接球与传球快速协调地结合。

游戏教学建议：教师可以根据游戏者的水平规定传接球的次数。

五、两传一抢

教学目的:使学生掌握隐蔽传球技术,提高传接球动作速率。

游戏场地器材:篮球场地1个,篮球每3人1个。

游戏方法:学生分为三人一组,其中两人为传球人,相距3米左右相对而立,第三人站在两人中间为抢球者。游戏开始,两传球人以各种方式相互传接球,不让中间的抢球者抢到球;位于中间的抢球者则以快速来回移动抢截两传球人传出的球,如果其中一个传球人的球被抢球者手摸到,则两人互换角色继续进行。

游戏规则:第一,两传球人不得拉大传球距离,接球后中轴脚不得移动,违者算失误。第二,不得传高吊球,否则算失误。

注意事项:传球者学会运用各种不同的传球方法进行传球,并掌握好传球的时机,抢球者在判断准确的基础上大胆地进行抢断。

游戏教学建议:此游戏可演变为三传二抢、五传三抢和六传四抢,其规则可适当变动。

六、转身传球

教学目的:训练学生传接球的反应能力。

游戏场地器材:场地一块,篮球若干个。

游戏方法:在半场地面上各画一个半径为4米的圆,9名学生。学生面向圆心分别站在每个圆圈外。①站在圆心处。他一前一后两名学生⑤和⑨各持一球。听到"开始"的口令后,①先接身前⑤传来的球,并立即转身传给②;然后转身接⑨传来的球,立即转身传给⑥;紧接着再转身接②传来的球转身传给⑦,再转身接⑥的传球转身传给③,如此连续进行下去,在球回到⑤与⑨手中时,由②替换圆圈内的①继续进行转身快速传球练习,直至每个人都担任过圈内的角色为止。

游戏规则:每名学生都要担任一次圈内的角色。以完成最快的一组获胜。

注意事项:游戏时可采用双手胸前传球。站在圆圈内的学生转动要快,转身的方向要与传球的顺序相一致,所有学生传球时都应保持较低的重心,全身动作要协调。

游戏教学建议:根据学生的多少,圆圈半径的大小可以调整;传接球的顺序与间隔可以变化。

七、活动篮圈

教学目的:提高学生观察判断和快速移动中传接球技术。

游戏场地器材:篮球场地1个,篮球1个。

游戏方法:把学生分成人数相等的两队,每队指定二人手拉手成一个圆形,作为"活动篮圈",可在场内任意移动。比赛从中圈跳球开始,获球方为进攻,进攻一方设法把球投入对方"活动篮圈"内,入圈则得一分;防守一方积极抢球并反击;在规定时间内得分多的一队获胜。

游戏规则:第一,做"活动篮圈"的二人不得松手或缩成一团,必须保持圆形并用移动的方式不让对方投中,否则算对方得1分。第二,进攻队员只准传球,不准运球、投篮或故意打篮板。第三,出现违例、犯规或投中篮,均由对方在就近界线外掷界外球继续进行比赛。

注意事项:比赛双方严格遵守规则的要求进行游戏,进攻方投"活动篮圈"时,不能砸对方队员。

游戏教学建议:游戏分短时间多轮进行(或单位时间内计算投中篮次数),每轮结束则攻守调换。

八、长传比准

教学目的:提高学生长距离传接球的准确性和能力。

游戏场地器材:篮球场地1个,篮球若干个。

游戏方法:在篮球场的一个半场罚球线两端画两个直径为2.5米的圆圈,学生分成人数相等的两组站在篮球场后场端线后,每组派一名学生站在圆圈内,端线后的学生每人一个篮球向圈内的学生传球,接球人不能出圈接同组的长传球,在圈内接住一个球计1分。每组轮完一遍后得分多的组获胜。

游戏规则:传球人不能越过端线传球。圈内接球人出圈接住的球无效。

注意事项:控制长传球时的力量和出手时的角度。长传球时注意协调用力。

游戏教学建议:教师可以根据学生的具体情况适当调整传球的距离。

第二节　篮球运球类游戏教学方法的设计

运球是篮球运动中重要的基本技术之一,熟练掌握运球技术可以使持球者在篮球场上移动自如,便于组织进攻,包括位置调整、转移、突破、突破分球等。每一个刚刚接触篮球的人首先就要进行运球练习。而将篮球的运球技术设计成游戏模式,可以提高学生参与基本技术练习的兴趣,以此获得较好的教学效果。

一、运球打擂

教学目的:提高学生的控制球能力。

游戏场地器材:篮球场地1个,篮球每人1个。

游戏方法:将学生分成若干组,每组3人。守擂一组的学生分别在篮球场的三个圈内运球,打擂一组的学生每个圈内进一人运球,同一个圈中的两个学生在运球过程中相互拍打对方的球,拍打到对方的球算胜,胜方得1分。每一组得到两分以上算获胜,负方下去,再换一组,如此反复直到最后算守擂成功。

游戏规则:第一,运球相互拍打时不能出圈,否则对方得1分。第二,应主动拍打对方的球,不能消极进攻。

注意事项:运球时眼睛不要看球,注意观察场上情况,同时做好保护球的动作。

游戏教学建议:可以将拍打对方球换成摸对方后背,也可以将拍打对方球换成将对方挤到圈外。

二、"春种秋收"

教学目的:发展学生在快速运球中控制球的能力。

游戏场地器材:篮球场地一个,篮球 2 个,灌水的矿泉水瓶 6 个。

游戏方法:如图 8-2 所示,将每 3 个矿泉水瓶(图 8-2 中的"T"符号)沿一直线分别间隔一定的距离放于场内,将学生分为人数相等的两队,成纵队面向场地站于端线后,排头持球。游戏开始,排头快速起动向对面端线运球,途中依次把 3 个瓶子推倒,运至对面端线后返回,再依次把 3 个瓶子扶起,至端线后将球交给下一位同学,依此类推,每人一次,先做完的队为胜。

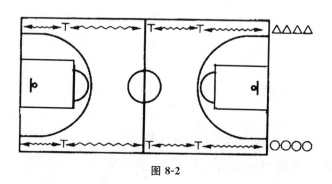

图 8-2

游戏规则:第一,推瓶或扶瓶时,另一只手必须同时做低运球,不能持球。第二,返回至端线后用双手低手传球的方式将球传给下一位同学。

游戏教学建议:可运球至障碍物处做急停急起。

三、运球沿线追拍

教学目的:提高学生行进间快速运球以及运球急停、转身的能力。

游戏场地器材:篮球场地 1 个,篮球每人 1 个。

游戏方法:如图 8-3 所示,学生均匀地分散站立在球场的两条边线和两条端线上,每人手持一个篮球。游戏开始,全体学生按顺时针方向沿球场的界线运球快跑,后面的队员力求抓住前面一人。当听到教师鸣哨后马上运球急停、转身,沿球场界线做逆时针方向运球快跑,原来在后面的队员变成在前面的队员,反抓原来在后面的人。如此反复进行,以被抓到次数少者获胜。

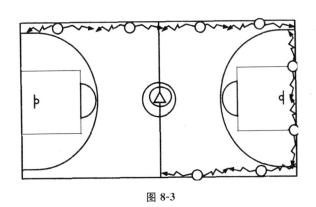

图 8-3

游戏规则:第一,不管朝哪个方向跑动,都只能沿球场的界线进行,否则算被抓到。第二,只要是后面人的手触摸到前面的人,即为被捉到。第三,若后面的人捉到前面的同伴而又运球失误时,捉住无效。

注意事项:运球时抬头观察场上情况,运球急停、转身脚步动作清晰。

游戏教学建议:如果参加游戏的人数多而球少,可分为几队轮换进行。如果参加游戏的人数多,可把球场上的各个圆圈都用上进行同样的比赛。

四、运球绕场跑

教学目的：提高快速运球能力。

游戏场地器材：篮球场地 1 个，篮球 2 个，障碍架 4 个。

游戏方法：将队员分成 4 个小组按图 8-4 中所示的队形站好。各组 1 号拿球，听到哨声后逆时针方向运球绕场地跑，跑完一圈后把球交给 2 号，2 号也运球绕一圈把球交给 3 号，依此类推，看哪个队先完成接力赛。

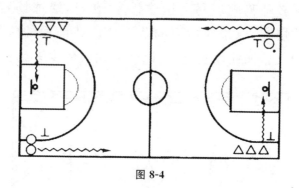

图 8-4

游戏规则：必须运球绕障碍架跑，否则返回重做。

游戏教学建议：此游戏可要求队员跑圈运球投篮和规定运球方式与运球手等进行。

五、运球追逐

教学目的：提高手脚协调配合、脚步移动和行进间控制球的能力。

游戏场地器材：篮球场地 1 个，篮球 6 个或更多。

游戏方法：学生两人一组，每人 1 球，按预先规定路线相互追逐，追上得 1 分。然后恢复到原来的位置上，换另一只手运球追逐，这样重复练习。在规定的时间内，得分多者获胜。

游戏规则：第一，运球者只能在圈外运球追逐，不得踩线或进入圈内,凡出现 1 次踩线或进入圈内就算被对方追拍到 1 次。第二,必须用规定的手运球,否则追拍到前方者无效。第三,运球失误时必须把球捡起来在失误处继续,此时追拍到前方者无效。

注意事项:提高弱手运球的能力和保护球的能力。

游戏教学建议:参加游戏的人数少,可只分两队进行对抗。参加游戏的人数多,可在球场的其他地方画几个同样大小的圆圈同时进行。

六、迎面运球接力

教学目的:使学生掌握行进间运球技术,提高运球速度。

游戏场地器材:篮球场地 1 个,篮球 2 个。

游戏方法:如图 8-5 所示,学生分为人数相等的甲、乙两队,每队又分为 A、B 两组,两队的两组成纵队、面向场内分列于两端线后迎面站立。两队的 A 组排头先持一球。游戏开始,持球队员首先用行进间高运球方法把球运至对侧端线,手递手把球交给本队 B 组第一人,然后自己排到该组末尾;B 组第一人接球后又迅速直线运球至对侧端线把球手递手交本队 A 组第二人,如此循环直到全队每人轮完一次,先轮完的队获胜。

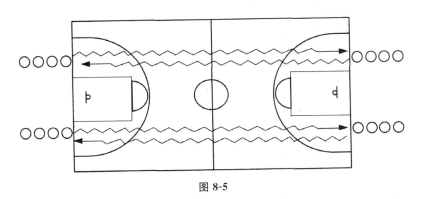

图 8-5

游戏规则:第一,A、B 组交接时,只能用手递手交球的方法,否则为犯规。第二,运球失误时必须把球捡回在失误处重新再运,否则为犯规。第三,凡犯规者必须再进行一次运球接力,否则该队名次列后。

注意事项:在跑动中运球养成抬头观察场上情况的好习惯,并注意多用弱手运球,提高控制球和支配球的能力。

游戏教学建议:运球学生过中线要换手运球。在运球过程中可采用各种运球方式。

七、"三国演义"

教学目的:提高运球变向技术。

游戏场地器材:篮球场地1个,篮球3个。

游戏方法:如图8-6所示,把学生分为人数相等的3组,每组排头各持一球站于直径约5米的大圆边线上,指定各组分别为东吴、西蜀和北魏。游戏开始,各国"士卒"沿西蜀—东吴—北魏的路线运球,经对方营寨时,脚踏营地的线,才能冲向下一营地,经另两营地后返回本营。球交下一位学生,第二次比赛开始。每一次比赛,最后到本营的学生判输,并被送到速度最快的队里,以此进行,其中一组没有士卒时游戏结束,该组受罚。

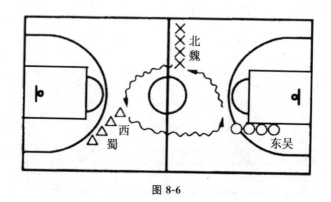

图 8-6

游戏规则:到营地脚必须踏线,否则返回重做。手递手交球,不得传球,违规判输。

游戏教学建议:可增加游戏的组数。

八、变向运球接力

教学目的：提高学生快速移动中变向运球的能力。

游戏场地器材：篮球场地 1 个，篮球 2 个。

游戏方法：如图 8-7 所示，学生分成人数相等的两队，分别面向场内站在同一端线的两个场角上，排头各持一球。游戏开始，排头队员运球起动，在第一个障碍物前做变向换手运球，在第二个障碍物前做背后运球，在第三个障碍物前做后转身运球，然后运球分别到另一端线的两个场角，返回时仍按原路线和方法进行，并以手递手的方式把球交本队的下一名队员，直至全队每人轮完一次，以速度快的队获胜。

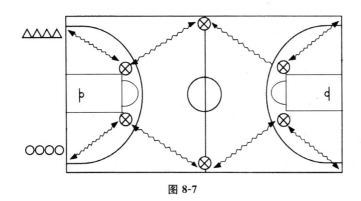

图 8-7

游戏规则：运球中必须有一只脚踏入罚球圈或踏到边线中点或前场场角，方能继续向预定方向运球前进，否则判为犯规。交接球必须以手递手方式进行，否则也被判为犯规。凡被判犯规者其所跑次数无效，判其在本队最后重跑一次。

注意事项：掌握好换手运球的时机和节奏。

游戏教学建议：可规定使用不同的运球方法进行此游戏。

九、运球突破接力

教学目的：有针对性地提高学生的运球技术。

游戏场地器材:篮球场地 1 个,篮球 2 个,标志物 4 个。

游戏方法:如图 8-8 所示,在场地的两个半场的左右两侧各放一个标志物,把学生分为人数相等的两队,面向标志物在同一端线后成一路纵队站立,排头各手持一个篮球。游戏开始,从排头起每个队员按图示路线依次把球运至立柱前以规定动作做运球突破,返回时按原路线和动作进行,并以手递手方式将球交给下一个队员,直至全队每人轮一次,最先轮完的队为胜。

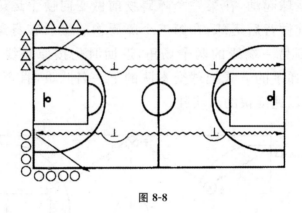

图 8-8

游戏规则:第一,必须按规定要求在立柱前运球突破,否则判为犯规。第二,必须以手递手的方式把球交给下一个队员,否则判为犯规。第三,运球至前场后必须有一脚踩端线才能返回,否则判为犯规。第四,犯规者的运球被视为无效运球,必须重跑一次。

游戏教学建议:可有意识规定多个不同的运球动作组合起来进行游戏。

十、运球见线折返跑

教学目的:发展学生在快速运球中变换动作和控制球的能力。

游戏场地器材:篮球场地 1 个,篮球 2 个。

游戏方法:如图 8-9 所示,学生分成人数相等的两队,位于端线纵队面向场内站立,排头持一球。游戏开始,两队分别从排头开始,依次运球到罚球线返回,脚踩端线转身继续运到中线返回,同样方法运球到前场罚球线和前场端线返回原出发点,用手递手的方式把球交给下一名队员。如此循环直到全队每人轮完一次,先轮完的队获胜。

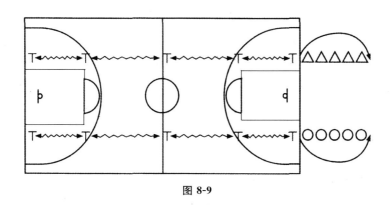

图 8-9

游戏规则:第一,必须在定点线踩线后返回。第二,运球返回原起点处时,必须用手递手方式把球交给下一名队员,否则无效。第三,运球中出现失误时,必须从失误处重新开始,否则无效。第四,所有被判"无效"运球的学生都必须重跑一次。

注意事项:变换运球时注意保护球的动作和节奏,交接球时不要发生碰撞。

游戏教学建议:根据学生情况,减少折返次数。建议见线返回运球换手。

十一、运两球接力

教学目的:发展和提高学生控制球能力。

游戏场地器材:篮球场地 1 个,篮球 4 个。

游戏方法:如图 8-10 所示,学生分为人数相等的两队,各队成纵队站在同一端线外面面向场内,排头队员手持两个球。游戏开始,排头队员左、右手各运一个球到中线,然后把两个球放在地上擦地面推回,推球时手不离球、球不离地。返回端线把球交给下一名队员,按照上述方法继续进行,直至全队做完,速度快的队获胜。

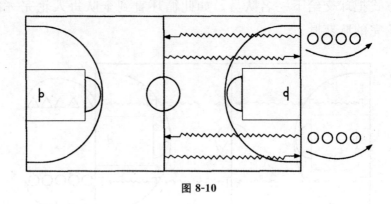

图 8-10

游戏规则:第一,运球时,如有一球滚离,必须拾回,在失误处继续运两球,实际运球距离不能减少。第二,必须有一脚踩中线才能返回。第三,返回推球时双手均不能离球,两球均不能离地。第四,如违反上述三点之一者即为犯规,判其重运球一次。

注意事项:运两个球时注意用力适中,手脚配合协调,推球时抬头向前看。

游戏教学建议:此游戏适用于有一定运球基础的学生。

十二、运球障碍接力

教学目的:针对性地提高学生的运球技术。

游戏场地器材:篮球场地 1 个,篮球 2 个,标志物 4 个。

游戏方法:如图 8-11 所示,在场地的两个半场的左右两侧各放置一个标志物,学生分为人数相等的两队,面向标志物在同一端线后成一路纵队站立,排头各手持一个篮球。游戏开始,从排头起每个队员按图示路线依次把球运至立柱以规定动作做运球突破,返回时按原路线和动作进行,并以手递手方式将球交给下一名队员,直至全队每人轮一次,轮完速度快的队获胜。

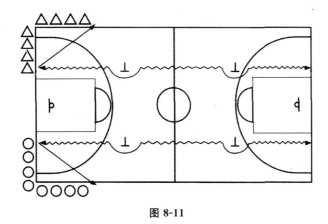

图 8-11

游戏规则:第一,必须按规定要求在立柱前运球做突破动作,否则判为犯规。第二,必须以手递手的方式把球交给下一名队员,否则判为犯规。第三,运球至前场后必须有一脚踩端线才能返回,否则判为犯规。第四,犯规者的运球被视为无效运球,必须重跑一次。

注意事项:过标志物时要降低重心,转体探肩并保护好球,掌握好节奏。

游戏教学建议:可有意识地规定多个不同的运球动作组合起来进行该游戏。

十三、"死球"变"活球"

教学目的:发展学生手指、手腕拍按球的能力。

游戏场地器材:篮球场地 1 个,篮球每人 1 个。

游戏方法:如图 8-12 所示,学生分成人数相等的两队成横排相对而立,每人面前地上放一个篮球。游戏开始,两排学生同时下蹲用最快的速度把放在地上的"死"球拍"活"成原地高运球姿势站立,在规定时间内站起来的人数多的队获胜。

游戏规则:第一,只能用手、手腕的力量快速拍按球,使球变"活",不得把球拿起来。第二,个人完成,同队队员间不得帮忙救"活"球。第三,不得以任何方式干扰对方拍"活"球。第四,违反上述规定者为犯规,凡犯规者罚其把球连续拍"活"三次后才能计入成绩。

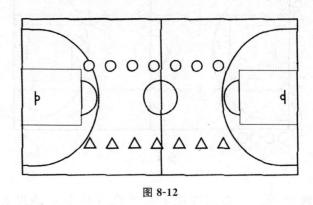

图 8-12

注意事项:注意控制手指和手腕的力量和节奏。

游戏教学建议:如果参加游戏的人数多或无法做到每人一个篮球,可把参加游戏的人分成若干个小组,每个小组的人数与现有的球数相同,采用淘汰的方法进行对抗。

第三节　篮球投篮类游戏教学方法的设计

投篮是进攻队员为将球投进篮筐而采用的各种专门动作的总称。篮球比赛是以得分决定胜负的,而投篮则是得分的唯一方式,因此投篮技术的掌握和运用尤为关键。在投篮游戏教学过程中,教师通过对游戏规则讲解与示范,先使学生在头脑中形成一个投准的用力顺序,同时让学生在练习过程中有意识地体会这一顺序,并且对正确的发力顺序进行判断和强化,对错误的发力顺序进行有意识地控制,这样可以减少泛化过程,缩短教学时间,提高教学效果。

一、包、剪、锤

教学目的:提高学生投篮时的弹跳力及灵敏性。

游戏场地器材:场地1个。

游戏方法:将队员分成人数相等的两组,成两列横队左右间隔1米,两组相距2米对面站好,如图8-13所示。教师有节奏地喊"1、2、3"。当喊"1、2"时,都用力向上跳,喊"3"时落地成下列3种姿势:两脚并拢落地,代表锤子。两脚前后分开落地,代表剪子。两脚左右分开落地,代表包袱。根据两脚落地的姿势判别胜负,锤子胜剪子,剪子胜包袱,包袱胜锤子,胜的多者为胜。

图 8-13

游戏规则:必须按教师口令做。如果动作过慢,则判为犯规。跳得尽量高些,在未进行比赛前,可以先做几次,动作熟练后再比赛。

游戏教学建议:教师可根据学生的情况调整动作快慢的速度。

二、罚球比赛

教学目的:提高学生原地投篮技术动作的质量和命中率。

游戏场地器材:篮球场地1个,篮球2个。

游戏方法:如图8-14所示,把学生分成人数相等的两队,两队面向球篮成纵队站立于罚球线后,排头各手持一个篮球。游戏开始,各队从排头开始依次罚球,无论投中与否都由投篮队员自己去抢篮板球传给下一个队员,如此循环下去,直到完成规定的投中个数,先完成的队获胜。

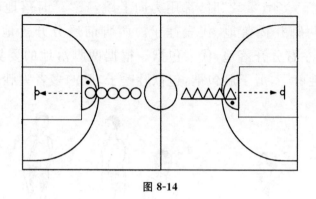

图 8-14

游戏规则:按篮球比赛的罚球规则执行。

注意事项:投篮出手时手形正确,食指和中指拨球使球后旋。

游戏教学建议:可规定全队每人投篮出手次数或时间,累计投中个数,投中个数多的队获胜。

三、三分领先赛

教学目的:锻炼学生的心理素质,提高三分命中率。

游戏场地器材:篮球场地 1 个,篮球若干个。

游戏方法:如图 8-15 所示,把学生分为人数相等的两队,在两个零度角三分线外投篮,比赛的顺序是甲 1、乙 1;甲 2、乙 2,……一方领先进 5 个球获胜。

游戏规则:队员按顺序进行比赛,中途不得交换位置。

注意事项:投篮时身体协调用力,抬高大臂。

游戏教学建议:投篮点可改变,如在 45°角处、弧顶处。可要求各队大声报出本队投中数,给对方增加心理压力,同时鼓励为本队加油。

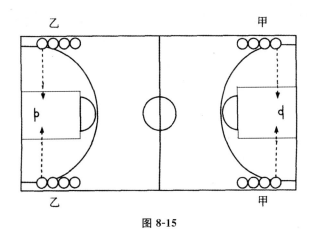

图 8-15

四、上篮积分赛

教学目的:提高上篮命中率。

游戏场地器材:篮球场地 1 个,篮球 2 个。

游戏方法:将所有学生分为人数相等的两队,一队持球站于中线与边线交界处,另一队站于罚球线上。游戏开始,持球队员传球至罚球线队员,起动接回传球上篮,上篮结束到罚球线,罚球线上的队员跟进抢篮板,抢完篮板持球站到中线。上篮投中得 2 分,不中要补中,补中得 1 分,在规定时间内先得到 50 分的队获胜。

游戏规则:接球后直接上篮,不得运球,否则投中的球无效,重做。

注意事项:运球上篮时不要看球,最后一步向上跳,投篮的手臂向上充分伸展,手腕手指控制好篮球。

游戏教学建议:教师可根据学生的游戏表现情况而适当调整投篮时间。

五、连续跳投

教学目的:提高学生跳投的命中率。

游戏场地器材:篮球场地半块,篮球每人1个,标志物2个。

游戏方法:如图8-16所示,在半场的三分线内与端线相距约2米处放一标志物,把学生分为人数相等的甲、乙两队,各成纵队面向球篮站立于三分线外的左、右两侧,排头不持球,其余的队员每人持1球。游戏开始,各队排头向同侧标志物的方向做侧身跑,跑至标志物外接本队队员传来的球急停跳投,无论投中与否均去抢篮板球并返回本队队尾。如此连续不断进行,直到规定时间,命中次数多的队获胜,或完成规定的命中次数,先完成的队获胜。

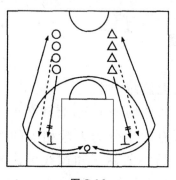

图8-16

游戏规则:第一,必须依次传、投,超越顺序者投中无效。第二,必须在标志物外跳投,在标志物内投中无效。第三,传接球失误,由失误者把球捡回再排列到队尾,不得原地再投,否则投中无效。

注意事项:跑动接球时脚步动作要清晰,投篮时全身协调用力,投出后冲抢篮板球。

游戏教学建议:可采取三盘两胜制进行比赛,每局完后,双方互换场地。可在两个半场内同时进行比赛,也可降低难度规定为原地投篮。

六、投篮升级比赛

教学目的:帮助学生在不同角度、不同距离的投篮中改进动作,提高投篮的命中率。

游戏场地器材:篮球场地 1 个,篮球 2 个。

游戏方法:如图 8-17 所示,在距投篮区 5.5 米处,设 0°角、45°角、60°角、90°角五个投篮点。把学生分为人数相等的两队,分别成纵队站立于左、右两边的 0°角上,排头各持一球。游戏开始,两队自排头起依次按规定要求进行投篮,逐一投完五个点,先回到原起点的队获胜。

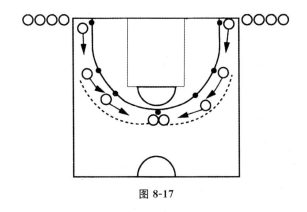

图 8-17

游戏规则:必须投中才能到下一个点投篮。

注意事项:体会在不同位置时投篮的感觉。

游戏教学建议:可按规定时间,计投篮中得多的队获胜。

七、投得快投得准

教学目的:提高学生快速移动中接球上篮能力。

游戏场地器材:篮球场地 1 个,篮球 2 个。

游戏方法:如图 8-18 所示,将球场按纵轴分为两部分,队员分为人数相等的两队,各自在本队的半场中线角上站立,每队派①

和❶队员在篮下手拿一球。游戏开始,①和❶运球出罚球线并长传给②和❷上篮。②和❷接到球直接上篮投中得 2 分,接球后运球上篮投中得 1 分,传球出界扣 2 分。①和❶传球后到本队队尾排队。②和❷投篮后,不论投中与否,都要自抢篮板并运球出罚球线,长传给③和❸上篮,然后到本队队尾排队。依次进行,先得到 30 分的队获胜。

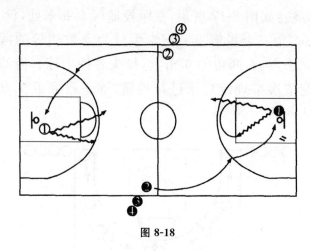

图 8-18

游戏规则:第一,长传球时传球队员不能超过罚球弧顶。第二,长传球出界时,上篮队员须把球捡回,但不能再投篮,只能到篮下开始运、传球。

注意事项:长传球注意传球的力量和角度,传出的球让同伴能接住,并能很好地衔接下一个动作。

游戏教学建议:视学生的具体情况,可降低游戏难度,不规定运球手和投篮手等。也可提高游戏规则的难度,规定具体的上篮方式。

八、罚球抢补比准

教学目的:培养学生感知空间、时间的能力,提供抢篮板球和补篮的技术。

游戏场地器材:篮球场地 1 个,篮球若干个。

游戏方法:比赛开始前,每半场一个队员,每人各持一个篮球站在罚球线上,做好投篮的准备。教师发令后,队员立即投篮,不论是否投中必须再抢再投,在一分钟内记下投中的次数(包括罚球投中),然后换一个队员重新开始。每人在两次投篮中以投中多的一次为该队员的成绩,也可以分两队以全队的投中总数来决定两队的胜负。

游戏规则:第一,在篮下投篮时最多只准运球一次,如果拍两次则判为两次运球,投中无效。第二,篮下投篮时,不得原地站着投篮,应该跳起投篮,否则投中无效。

游戏教学建议:教师要向学生说明本游戏的目的是使学生能认真完成抢篮板球和篮下跳起投篮的动作。为了提高运动的密度,也可以采取每半场两人同时进行。

九、换球上篮接力

教学目的:提高学生快速跑动中运球上篮的能力。

游戏场地器材:篮球场地 1 个,篮球 4 个。

游戏方法:如图 8-19 所示,把两个篮球分别放在中线上。把学生分为人数相等的两队,分别成横队面向场内站在两端线外,排头持一个球。游戏开始,两队排头运球快跑至中线,放下手中的球,捡起地上的球快速运球上篮,投中后按原路线运回中线换球回运到起点处,将球交给下一名队员,每个队员按同样的方法依次进行,直到全队每人做完一次,先完成的队获胜。

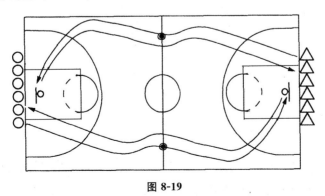

图 8-19

游戏规则:第一,在端线手递手交接球后才能起动,否则此次运球上篮无效,该队员应在本队最后重做一次。第二,每次投篮必须投中才能返回,可采用任何方法补中。

注意事项:在运动中运球手臂放松,球不能运得太高,反弹球的高度到腰比较合适。

游戏教学建议:可以投篮后直接运回将球交给下一名队员,也可将上篮改为运球至罚球线投篮,不进补中。

十、攻守投篮

教学目的:提高学生的灵敏性和应变能力,以及培养团队合作意识。

游戏场地器材:篮球场地1个,篮球2个。

游戏方法:如图8-20所示,将学生分为人数相等的两队,每队8人,双方各有一名队员手持球站在本方半场的端线外准备发球。游戏开始,当裁判员鸣笛后,各自发球开始比赛,两队同时在场上传球、运球、突破,力求将球投入对方篮内得分;同时又要设法阻截和防止对方将球投进本方篮内,并积极抢断对方的球,组织反攻。在规定时间内,进球多者获胜。

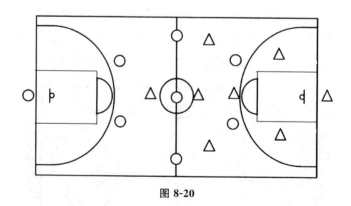

图 8-20

游戏规则:比赛中出现犯规、违例、传球出界等情况时,均判对方在犯规、违例方的半场发界外球。

注意事项：人数较多时，不要碰撞受伤。

游戏教学建议：裁判员 2～4 人。本游戏运动量较大，时间不宜过长。

第四节 篮球综合能力类游戏教学方法的设计

篮球运动是在快速、激烈、对抗的情况下进行的一项综合性体育活动。具有竞争性强、趣味性浓等特点。它能全面锻炼身体，主要是发展运动员的跑、跳、投等基本活动能力，提高灵敏、速度、耐力等身体素质和动作的准确性、协调性，培养运动员勇敢顽强、机智、果断、团结合作等优良品质。有针对性地开展一些综合能力类游戏，可有效地提高运动员的技战术、身体素质，并在轻松、和谐的氛围中增强团队合作意识，提高集中注意力等。

一、双人抢球

教学目的：培养学生的抢球意识，提高抢球能力。

游戏场地器材：篮球场地 1 个，篮球每 2 人 1 个。

游戏方法：如图 8-21 所示，把学生分为人数相等的甲、乙两队，相距 1 米左右成横排站立。两队的队员间也相距 1 米左右。在甲、乙两队队员间放一个篮球；然后在教师的带领下两队一起做操或小步跑，听到哨声响后同时去抢球，抢到球者获胜。胜次多的队则为胜队。

游戏规则：队员只准用手抢球，否则判为负。避免冲撞，如有意冲撞对方则立即判其出局。

注意事项：抢球时先上步抢位再抢球，不要发生碰撞。

游戏教学建议：可按下列方式进行游戏。第一，两队面对面站立做肩绕环，从正面抢球。第二，两队背对背做腹背运动，从胯下抢球。第三，两队面对面做深蹲，双手从胯下抢球。第四，背对背原地小步跑,转体 180°抢球。

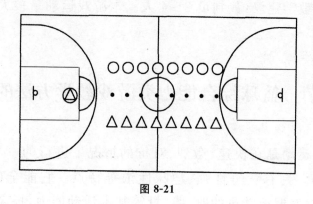

图 8-21

二、21 分比赛

教学目的:培养学生攻守转换意识,提高快攻能力。

游戏场地器材:篮球场地 1 个,篮球 1 个。

游戏方法:如图 8-22 所示,全场 5 对 5 进行 21 分比赛,在比赛中通过快攻进球算 3 分或 4 分,其他方式进球按照篮球规则进行,哪个队先到 21 分获胜。

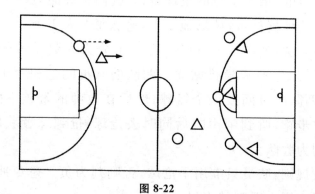

图 8-22

游戏规则:第一,通过抢到后场篮板球发动的快攻进球算 4 分。第二,通过抢断球和发球发动的快攻进球算 3 分。

注意事项:抢到后场篮板球时要迅速传出争取快攻机会,在前场进攻时如出现 3 分投篮机会要大胆投篮。

游戏教学建议:教师要鼓励学生尽可能地通过传球进行快攻。控制对手发动快攻。

三、"手球"比赛

教学目的:提高学生的对抗能力和全队配合意识。

游戏场地器材:篮球场地 1 个,手球 1 个。

游戏方法:如图 8-23 所示,在篮球场上进行手球比赛,在两条端线的中部各画宽 3 米的球门,每队各 6 人,其中有一名为守门员,按照手球规则进行比赛。比赛进行 8 分钟,得分多的队获胜。

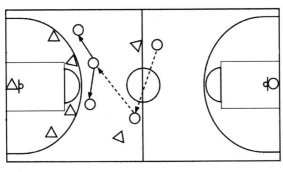

图 8-23

游戏规则:第一,可以按照手球规则进行比赛。第二,不能用过分夸张的动作,以防造成伤害事故。

注意事项:进攻传球要快,寻找机会大胆进攻。

游戏教学建议:第一,参加比赛的人数可以适当调整。第二,学生要尽可能地通过配合完成进攻。

四、火车赛跑

教学目的:提高学生的下肢力量和动作的协调性。

游戏场地器材:篮球场地 1 个。

游戏方法:如图 8-24 所示,把学生分成人数相等的两队,各成纵队面向场内站立于球场一侧端线后,每个人都把自己的左脚伸给前面的人,左手兜住后面队员伸来的脚,右手搭在前面人的肩上。排头不伸脚,排尾不兜脚,组成一列"火车"。听到出发口令后,全队按同一节拍单脚向前跳动,排头可走步。以排头先到达另一端端线为胜。

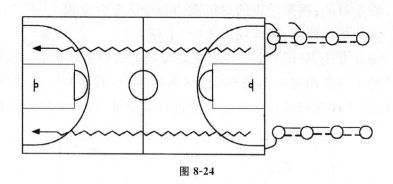

图 8-24

游戏规则:如遇车出"故障",必须在原地接好后方能继续前进。列车完整到达终点方能计算成绩。

注意事项:前面的队员兜紧后面队员的腿,火车开动时大家步调要一致,行动要统一。

游戏教学建议:可根据学生的年龄、水平确定"火车"行进距离。若要求"火车"返回,可在返回时交换支撑脚或缩短距离。也可以"火车"的车尾到达终点线作为判定胜负的标准。

五、追球比赛

教学目的:提高学生的反应能力、起动速度和观察能力。

游戏场地器材:篮球场地 1 个,篮球 1 个。

游戏方法:如图 8-25 所示,把学生分为人数相等的两队,分别站于球场的两边线上,各队报数后每人记住自己的号数。游戏开始,教师把篮球投向篮板,同时高叫"×号",两队中的"×号"队员立即起动跑出接篮板球。如果是甲队的"×号"队员先接住球则先得 1 分,同时该队员立即持球跑到该队队尾并依次由后向前把球传至排头。与此同时,对方未抢到篮板球的"×号"队员则徒手绕过本队队尾跑到排头处。如果甲队的传球先到则甲队再得 1 分,以 2∶0 结束这一回合;如果是双方几乎同时到达又难以分清先后,则双方不得分,甲队则以 1∶0 结束这一回合。然后教师再叫另一号数,游戏继续进行。进行若干次或若干时间后计算双方得分,得分多者获胜。

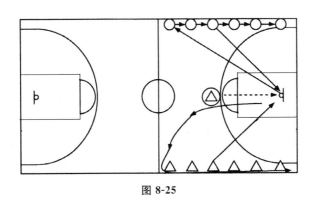

图 8-25

游戏规则:队员必须依次传球,不得隔人传球。跑的队员必须在本队队尾绕过去,跑到本队排头处。

注意事项:当听到教师喊号时,抢篮板球的两个学生要先相互挡人、抢位置,然后再抢篮板球。

游戏教学建议:抢篮板球后可运球跑。

六、"你抓我救"

教学目的:提高学生的跑动速度和灵敏性,以及反应和躲闪能力。

游戏场地器材:篮球场地 1 个。

游戏方法:如图 8-26 所示,制定球场的中圈为"禁区",选出参加游戏中的 5 人为追逐者,其余人作为被追逐者将在场内任意跑动。追逐者把抓到的被追逐者送到"禁区"内。没有被抓到的被追逐者可设法避开守在"禁区"旁边的追逐者去营救"禁区"内的同伴。直到所有被追逐者全被抓完送进"禁区",或"禁区"内的被追逐者全被营救完为止。另换一批追逐者和被追逐者继续游戏。

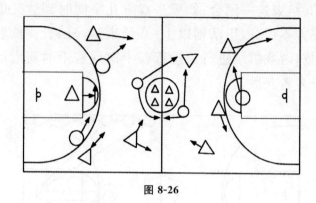

图 8-26

游戏规则:在"禁区"外的被追逐者用手击"禁区"内的人的手掌为营救成功。若在"禁区"外的人在营救"禁区"内的队员时又被追逐者抓到,同样要到"禁区"内等待营救。被送到"禁区"内的人不得自行离开。追逐者只有抓住被追逐者才有效,仅仅拍到无效。

注意事项:在采用快跑进行游戏时要避免碰撞。

游戏教学建议:该游戏可采用快跑、竞走或单脚跳等方式进行追逐。还可分成人数相等的两队,双方出同等人数的人为追逐者去追抓对方,在规定时间内计算某方余下在"禁区"内的人数有多少决定胜负,余下多者的队为负。

七、发"电报"

教学目的:提高学生的集中注意力。

游戏场地器材:篮球场地 1 个。

游戏方法:如图 8-27 所示,把学生分为人数相等的两队,各成纵队背向教师站立,纵队的队员间相隔一臂距离,两纵队间相隔3~5 米。游戏开始,两队排尾的学生到教师面前接收"电报"内容,并迅速跑回本队原来位置,用小声向他前一个同伴口述"电报"内容,以后按队列依次传到最前一人,最前面一人则迅速跑到教师面前复述"电报"内容。速度快、复述内容正确的队获胜。

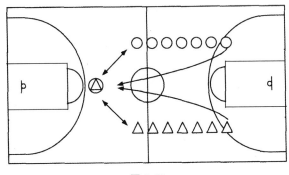

图 8-27

游戏规则:第一,传者和听者都不得缩短纵队队员间的距离或转头去听,否则算失败。第二,"电报"内容只能按队列逐一向前传送,不得"越位"传送,否则算失败。第三,若某方的"电报"内容被对方或被第三人听到,则算该方"电报"被截获而失败。第四,只要有一方出现失败,则立即暂停游戏,处理后重新开始。

注意事项:认真听清楚"电报"内容,完整地传给下一个人。

游戏教学建议:教师发出给两队的"电报"内容应不同,且不能让双方知道。先试一次到两次简单内容,以后可逐渐加入一些绕口令,以提高游戏难度。若参加的人数多,可分几队同时进行。

八、报"奥运会"项目

教学目的:使学生得到放松。

游戏场地器材:篮球场地 1 个。

游戏方法:如图 8-28 所示,让学生围成一个圆圈,从某一个人开始,依次轮转,每人报出一个奥运会的正式比赛项目,同时做出该项目的代表性动作。凡做错者要受罚,直到游戏结束。

游戏规则:第一,所报的项目必须是奥运会的正式比赛项目,否则视为做错。第二,在连续 12 人以内所报的项目不得重复,否则视为做错。第三,所做的动作必须与所报的项目一致,否则视为做错。第四,必须连续进行,中间不得停顿,否则视为做错。

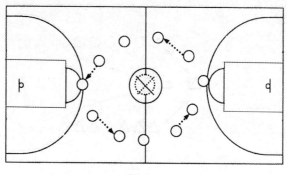

图 8-28

注意事项:较小年龄的学生做此游戏时,可用其他内容代替。

游戏教学建议:第一,游戏开始前,给学生思考的时间。第二,根据学生年龄和知识的不同,也可以进行相应的提示。

九、追同伴

教学目的:使学生得到放松。

游戏场地器材:篮球场地 1 个。

游戏方法:如图 8-29 所示,学生面向圆心成圆圈站立,教师站立于圆心。1~4 报数后,各人牢记自己所报的数字。游戏开始,教师喊出数字,所有同一数字的学生马上出列,并按要求绕圆圈竞走一周后仍返回原位,最先到达者获胜。例如:教师喊"2",所有报"2"数的学生同时起动按逆时针方向竞走,并追赶前一个报"2"数的学生,当后一个报"2"数的学生触及前一个报"2"数的学生时即为被抓到,如此反复进行,直到规定时间为止。

游戏规则:第一,追逐时双方可用竞走方法,不得跑步,否则为犯规。第二,追逐只能在圈外 1~2 米范围内进行,不得跑进圈内或穿梭跑,否则为犯规。第三,凡犯规者被抓到,均罚其做一节徒手操(2×8 拍)。

注意事项：注意力集中，认真听教师喊数字。

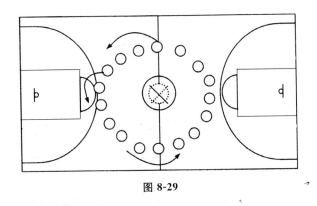

图 8-29

游戏教学建议：人数多，可分为两组。冬季天冷，可变"竞走"为"跑"。

参考文献

[1]毕仲春.篮球[M].北京:北京体育大学出版社,2016.

[2]胡英清,余一兵,吴涛.现代篮球运动科学训练探索[M].北京:中国书籍出版社,2016.

[3]贾志强,贺金梅.篮球基本技术课堂[M].北京:北京体育大学出版社,2015.

[4]于平,王厚民.篮球运动[M].合肥:合肥工业大学出版社,2014.

[5]刘青松.高校篮球运动教程[M].北京:中国水利水电出版社,2015.

[6]罗升凡.篮球教学中考核评价的应用探讨[J].新课程研究(下旬刊),2014(6).

[7]孙民治.篮球运动教程[M].北京:人民体育出版社,2006.

[8]黄滨,翁荔.篮球运动[M].杭州:浙江大学出版社,2014.

[9]唐定裕.有关我国高校篮球教学的现状分析与对策研究[J].当代体育科技,2013(8).

[10]蒋巍.浅析高校篮球教学改革问题和发展趋势[J].当代体育科技,2013(13).

[11]程培朋.高校篮球教学改革影响因素及发展趋势分析[J].体育科技文献通报,2016(1).

[12]高松山,周华明,王文.篮球排球足球游戏[M].北京:教育科学出版社,2008.

[13]杨翼,李章华.运动性疲劳与防治[M].北京:北京体育大学出版社,2008.

[14]陈松娥.运动健身与合理营养[M].长沙:湖南大学出版社,2007.

[15]唐建倦,周琥,邹卫国.现代篮球运动教程(理论·方法·实践)[M].广州:华南理工大学出版社,2014.

[16]李明达.新中国成立以来体育院校系篮球课程建设历程探析[J].广州体育学院学报,2012(3).

[17]李承维.篮球运动教学与训练[M].武汉:华中科技大学出版社,2012.

[18]于振峰,李国岩.现代篮球教学[M].北京:人民体育出版社,2005.

[19]许博.现代篮球训练方法1400例[M].北京:北京体育大学出版社,2006.

[20]魏从礼,王晓华.大学篮球创新教学体系的构建[J].学校体育学,2013(35).

[21]张秀华.篮球系统战术[M].北京:人民体育出版社,2005.

[22]许博,包金萍.现代篮球战术案例解读[M].北京:北京体育大学出版社,2009.

[23]刘畅,黄文杰.篮球[M].北京:北京体育大学出版社,2014.

[24]魏磊.篮球课堂[M].上海:上海大学出版社,2014.

[25]王峰.现代篮球运动的理论研究[M].北京:人民日报出版社,2014.

[26]胡安义,肖信武.高校篮球技战术教学与实战训练[M].北京:人民体育出版社,2010.

[27]田玉军,宫华等.实用篮球技战术解析[M].北京:中国商务出版社,2008.

[28]黄志安,房殿生,等.高校篮球运动理论与实践[M].北京:原子能出版社,2008.

[29]朱国权.篮球[M].北京:北京师范大学出版社,2007.

[30]周建林.球类运动体育教程[M].南京:南京师范大学出版社,2005.

[31]冯俊祥.高校篮球运动教学训练管理研究[M].北京:中国书籍出版社,2013.

[32]任金锁,李昂.高校篮球运动教学与训练研究[M].长春:吉林大学出版社,2012.

[33]左庆生.现代篮球运动教学训练实用指导[M].北京:北京师范大学出版社,2013.

[34]练碧贞.现代篮球教学方法[M].北京:北京体育大学出版社,2006.

[35]郭永波.篮球运动教程[M].北京:北京体育大学出版社,2005.

[36]李惠玲,景秀琛.生命周期健康管理[M].上海:上海科学技术出版社,2016.

[37]王乐昌.体育健康卫生教程[M].天津:兵器工业出版社,2007.

[38]井玲.体育锻炼与大学生心理健康[M].武汉:湖北科学技术出版社,2009.

[39]佟卫南.篮球[M].昆明:云南大学出版社,2007.

[40]余丽华,等.篮球[M].北京:北京体育大学出版社,2007.

[41]周龙,等.高校篮球综合训练理论与实践[M].北京:当代中国出版社,2011.

[42]杨雪芹,张晖.游戏化体育教学模式[M].北京:人民体育出版社,2007.

[43]张宏伟,等.体育游戏的设计与组织[M].哈尔滨:哈尔滨地图出版社,2008.

[44]孙杰,陈玉霞.有趣的篮球游戏[M].兰州:甘肃科学技术出版社,2012.

[45]殷恒婵.体育心理学[M].北京:开明出版社,2012.

[46]陈勤平.快乐篮球——篮球游戏训练法[M].厦门:鹭江出版社,2006.

[47]黄德星.篮球训练执教方略[M].昆明:云南大学出版社,2014.

[48]于振峰.现代篮球技术学练设计[M].北京:高等教育出版社,2013.

[49]于振峰.现代篮球战术学练设计[M].北京:高等教育出版社,2013.

[50]姚森.长春市高职院校篮球教学现状及对策研究[D].吉林大学硕士论文,2014.

[51]康冬宁.石家庄市高职院校篮球教学现状及影响因素研究[D].河北师范大学硕士论文,2012.